新文科视阈下一流外语学科建设理念与发展路径研究

窦硕华 / 著

东南大学出版社
·南京·

内容提要

本书在梳理归纳新文科本质与内涵的基础上、探析新文科背景下的"新外语"建设理念与指导方针、参照部分先行高校的实践,为新文科背景下高校外语学科建设向纵深方向发展提供理论借鉴与实践指导。

图书在版编目(CIP)数据

新文科视阈下一流外语学科建设理念与发展路径研究 / 窦硕华著. -- 南京：东南大学出版社,2024.12.
ISBN 978-7-5766-1762-7

Ⅰ. H09

中国国家版本馆 CIP 数据核字第 2024590XX7 号

责任编辑：刘　坚(635353748@qq.com)　　责任校对：张万莹
封面设计：王　玥　　责任印制：周荣虎

新文科视阈下一流外语学科建设理念与发展路径研究
Xin Wenke Shiyu Xia Yiliu Waiyu Xueke Jianshe Linian Yu Fazhan Lujing Yanjiu

著　　者	窦硕华
出版发行	东南大学出版社
出 版 人	白云飞
社　　址	南京市四牌楼 2 号(邮编：210096　电话：025-83793330)
经　　销	全国各地新华书店
印　　刷	广东虎彩云印刷有限公司
开　　本	700mm×1000mm　1/16
印　　张	12
字　　数	230 千字
版　　次	2024 年 12 月第 1 版
印　　次	2024 年 12 月第 1 次印刷
书　　号	ISBN 978-7-5766-1762-7
定　　价	68.00 元

本社图书若有印装质量问题,请直接与营销部调换。电话(传真)：025-83791830

本书为南京航空航天大学基本科研业务费学术著作出版基金"新文科视阈下一流外语学科建设理念与发展路径研究"（批准号 NR2022031）的最终成果。

前言 Preface

新文科是我国高等教育内涵式发展的里程碑，也是实现我国本科教育全面振兴的一项宏伟工程。新文科与新工科、新医科、新农科一起，开创了我国高校学科建设的新局面。按照顶层设计，既然新文科为新工科、新医科、新农科提供了方向、标准和价值判断，那么它就被赋予了提升国家文化软实力的使命。因此，新文科自诞生以来就受到广泛关注，甚至可以说，其受关注程度已经超过新工科、新医科和新农科。

业内对新文科的本质和内涵进行了大量解读，但并没有形成统一的说法。2020年在山东威海召开的新文科建设工作会议对新文科建设进行了全面部署，并发布了《新文科建设宣言》，提出了"守正创新"的建设理念。但这仅是宏观指导理念，如何落地仍鲜有成规经验可循，只能摸着石头过河，在实践中寻找真理。

外语学科是文科的重要组成部分。改革开放四十多年来，外语学科为我国的经济发展和对外交流做出了巨大贡献。这主要体现在两个方面：一是中外沟通与交流的桥梁；二是外国语言与文化的输入。但传统外语教育也一直存在着固有顽疾，如复合型人才培养"两张皮"问题、"千校一面"问题，乃至于当下所面临的就业遇冷，部分外语院系"关停"等窘境。随着中国的崛起和国际地位的不断提高，国家对高层次外语人才的需求超过以往任何一个时期，新形势赋予了外语教育全新的使命，从而催生外语教育全面改革时代的到来。

在这样的时代背景下，外语学科的建设与发展如何对接新文科建设？新文科背景下的外语学科要在哪些方面对传统有所突破、有所超越？高等教育的目的是既要通过培养高级专门人才，推动科技进步和社会发展，提高国家的国际竞争力，又要满足人的个性成长的需求，那么外语学科如何满足受教育者个人价值的实现？怎样服务于国家和社会？这一系列问题亟待廓清。

本研究在梳理归纳新文科本质与内涵的基础上，探析新文科背景下的"新外语"建设理念与指导方针，参照部分先行高校的实践，为新文科背景下高校外语学科建设向纵深方向发展提供理论借鉴与实践指导。

本书在第一章"绪论"中分析本研究的背景、研究目的、内容与研究方法。在第二章"新文科的形成与其要义解析"中，探讨新文科的起源、中国新文科与美国新文科的差异、中国新文科的特质和内涵。

在第三章"新文科视阈下的大外语观及学科建设内涵"中，主要探讨新文科与大外语、大外语与外语专业的关系，并根据历史发展过程中外语学科存在的问题、新时期国家对外语专业人才的需求、目前外语学科的内部分类等，分析新文科背景下的外语学科的内涵所在。

在第四章"一流外语学科建设存在的问题"中，主要分析其问题所在，并找出产生这些问题的内因和外因，以正视问题，便于对症下药，真正意义上践行"守正创新"的理念，从而更有利于促进外语学科建设向纵深发展。

在第五章"新文科建设个案研究"中，选取了四所具有代表性的高校，通过对其外国语学院负责人的深度访谈，了解其各自新文科建设的成功经验，发现其共性并总结规律，为新文科背景下高校外语学科建设理念与实践路径提供借鉴和参照系。

在第六章"一流外语学科建设实现路径"中，首先阐述新文科背景下的外语学科建设指导理念，在此基础上，参考第五章所提及的先行高校的成功经验，提出外语学科建设的方向与具体建设内容，并凝练出外语学科建设过程中需要注意的几个核心要点，最终基于本研究结论提出新文科背景下外语学科质量评价的标准，以供业界参考。

本研究意在为高校外语学科建设提供依据和参考，为教育教学改革提供些许启发，并引起学界同仁对该领域更多的关注与讨论。因此，本研究权当抛砖引玉之用，以期服务来者。当然，由于受到诸多条件方面的制约，加之作者本身水平有限，在研究中难免存在论证不够严谨周密的情况，内容也或许有观点不准确甚至错误之处，敬请各位方家不吝批评斧正。

窦硕华

2024.6.6

目录 Contents

第一章　绪论 ············· 001
　　第一节　选题缘起与背景分析 ············· 003
　　第二节　先行研究概述 ············· 005
　　第三节　本研究的目的、内容与方法 ············· 009

第二章　新文科的形成及其要义解析 ············· 011
　　第一节　关于新文科起源的争论 ············· 013
　　第二节　我国新文科建设学界大讨论 ············· 023
　　第三节　新文科的实质与内涵 ············· 028

第三章　新文科视阈下的大外语观及学科建设内涵 ············· 035
　　第一节　新文科与大外语 ············· 037
　　第二节　大外语与外语专业 ············· 041
　　第三节　外语学科的建设内涵 ············· 044

第四章　一流外语学科建设存在的问题 ············· 049
　　第一节　外语学界的问题自觉 ············· 051
　　第二节　外语学科建设之问题分析 ············· 056

第五章　新文科建设个案研究 ············· 065
　　第一节　综合性大学 ············· 067
　　第二节　外国语大学 ············· 074

第三节 行业特色大学 …………………………………… 087
第四节 区域特色"部省合建"综合性大学 …………… 109
第五节 经验梳理与总结分析 …………………………… 126

第六章 一流外语学科建设实现路径 ………………………… 139
第一节 新文科背景下的外语学科建设指导理念 ……… 141
第二节 外语学科建设的方向与具体内容 ……………… 146
第三节 外语学科建设的核心要求 ……………………… 154
第四节 新文科背景下外语学科质量评价标准 ………… 160

参考文献 ……………………………………………………………… 170

第一章

绪论

本章主要分析本研究的背景、研究目的、内容与研究方法。通过背景分析，提出"新文科视阈下如何建设外语学科才能满足受教育者的内在精神追求和社会对外语人才的需求"这一时代命题；通过对先行研究的综述，提出本研究要解决的问题。在此基础上，阐释本研究的目的、内容与方法。

第一章 绪论

第一节

选题缘起与背景分析

2019年4月29日,教育部联合工信部、财政部、科技部等13部委启动了"六卓越一拔尖"计划2.0,全面推进新工科、新医科、新农科、新文科(简称"四新")建设工作,其目的是打赢全面振兴本科教育攻坚战,全面提高高校人才培养质量,实现中国高等教育的内涵式发展。

那么新文科在其中发挥何种作用?按照顶层设计,新文科为新工科、新医科、新农科提供了方向、标准、价值判断以及未来所需要的职业综合素质,当然新工科、新医科、新农科也能为新文科提供新的命题、方法、技术、手段等(吴岩,2021a,2021b)。可以说,文科是关照到理、工、农、医发展的"灯塔"(吴岩,2019)。作为"四新"建设的重要一环,新文科自出台之日起就被赋予了提升国家文化软实力的使命,新文科建设的重要性不言而喻。正因为如此,新文科建设在我国学界引起了诸多关注和广泛讨论。

2020年11月,新文科建设工作会议在山东威海召开,会上对新文科建设进行了全面部署,并发布了《新文科建设宣言》(以下简称《宣言》)。会议明确了新文科建设的总体目标为:"推动文科教育创新发展,构建以育人、育才为中心的哲学社会科学发展新格局,建立健全学生、学术、学科一体的综合发展体系,推动形成哲学社会科学中国学派,创造光耀时代、光耀世界的中华文化,不断增强自信心、自豪感、自主性,提升影响力、感召力、塑造力。"会议发出号召,要"精于求变""创新发展"。

新文科建设之所以要"求变",要"创新":一是因为要解决传统文科在长期发展中存在的弊端。近些年,"文科无用论"悄然盛行,价值消散、精神空场的"空心"文科形态愈发严重。二是新时期国家要以中国式现代化全面推进中华民族伟大复兴。而中华民族伟大复兴,既取决于自然科学发展水平，也取决于哲学社会科学发展水平（习近平，2016）。一个国家如果没有能够产生特色理论和原创思想的哲学社会科学体系，就不可能走在世界前列。中国特色文科学科体系是中华民族自立于世界民族之林的重要凭证，也是中华民族伟大复兴的题中之义。这就要求文科建设要立足国情，主动求变，创新发展。

参照《宣言》的精神，业内对新文科的概念、内涵进行了大量解读，提出了"交叉融合""服务于国家战略""科技赋能""价值引领"等关键概念。但细思之，传统文科是否也有与其相似的功能？如果有，那么新文科和传统文科的差异在何处？另外，业内所提倡的"守正创新"观念等仅是宏观指导理念，如何具象化以及如何与实践相结合，则少有现成路径可循，只能摸着石头过河，在实践中寻找真理。

外语学科是文科的重要组成部分。改革开放四十余年来，外语学科在服务国家发展、支撑区域经济发展方面做出了重要贡献，但不可否认的是，在此过程中也滋生出一些顽疾。比如，目前高等外语教育遭遇前所未有的危机，不仅社会各界对其成效表达不满，甚至提出了所谓的外语"无用论""权重论"和"取消论"，严重损害了外语教育发展的社会氛围。而且外语学界内部也对外语的学科属性产生了分歧，是坚守外国语言文学学科的人文属性，还是转向其日益显现的跨学科属性，成为争论的焦点。招生和就业的现实困境，再加上人工智能技术的冲击，一时间"山雨欲来风满楼"。高等外语教育何去何从、如何发展是我们必须认真思考和解决的重大问题（彭青龙，2024）。近年来，数所以理工科见长的顶尖高校相继取消了英语专业，这也不难看出外语学科面临着严重的学科生存危机。因此，加强学科内涵建设势在必行。

当然，即便存在上述问题，亦不能阻挡外语学科的长远发展。随着"一带一路"建设的推进以及国家对外经济交流的深入，国家对高层次外语人才的需求突飞猛进，当然对人才的素质要求也更高。在这样的时代背景下，外语学科的建设与发展如何对接新文科建设？

另外，学科建设和专业教育首先要考量的是满足人的内在需求。也就是说，高层次外语人才培养需要满足社会需求，它的前提是首先要满足个人的内在精神追求。新文科背景下的外语学科建设怎样才能满足这两方面的需求？这些正是本研究需要解决的问题。

第二节

先行研究概述

学界首先对新文科的起源、本质与内涵、建设任务以及具体学科的建设方案展开了讨论与探究，主要体现在：对新文科的理论起源、学科属性的讨论（赵奎英，2020；黄明东、王祖林，2021；龙宝新，2021；蔡德贵，2022；吕凯，2024）；对新文科本质与内涵的探讨（周毅、李卓卓，2019；黄启兵、田晓明，2020；陶东风，2020；刘建军，2021；王学典，2022；张福贵，2023；黄梦婉、王蒙，2023）；对新文科建设任务与建设目标的解读（樊丽明，2020；赵倩，2020；马骁、李雪，2020；张清俐、张杰 2023；朱贺玲、郝晓晶，2023）；新文科背景下的人才培养模式（贾文山、马菲，2021；孟庆楠、罗卫华、曾罡，2022；胡伟华、张睿，2022；崔延强、林笑夷、段禹，2024）；新文科背景下不同学科建设路径的讨论（张天舒，2020；肖向荣，2020；王俊菊，2021；黄慧、彭云，2024；严俊、胡明泽，2024）。学者们对新文科的内涵、目标及特点达成了如下共识：融合化、时代性、中国化、国际化；对新文科建设的任务与改革路径形成了共知：新理论、新专业、新方向、新模式、新课程的产生与建设；同时也认识到，唯有创新才是新文科建设的灵魂。

另有不少学者对新文科内涵的认识还涉及交叉融合、服务国家战略等。不同学者的观点各有侧重，多数研究通过不同视角关注于某一具体层面或某一历史片段，缺乏系统梳理，鲜见对新文科的内涵进行立体考察的研究。另外，一些宏观研究还处于对理论的抽象解释，停留在理念更新、模式探讨和模型建构的层面，因科学视角、学术视野、学科性质的差异存在着不聚焦的特征，所给出的建议有宏观指导价值但缺乏可操作性；一些微观研究在这方面前进了一大步，但却往往只是个案研究，难以形成可供其他高校借鉴的方案或难以形成相对普遍的、具有指导性价值的建议，存在着无法复制等问题。因此，有必要系统性地梳理中国新文科发展的历程，对新文科的概念与内涵进行全面剖析。这既具有很强的现实意义，也具有重要的学理价值。

具体到外语学科，针对外语新文科的探讨更加如火如荼。自新文科概念提出以来，外语学界首先就外语学科的发展理念(胡开宝，2020；曲卫国、陈流芳，2020)、新文科视域下外语学科面临的挑战(郭英剑，2020；袁筱一，2022)、外语学科的内涵建设与学科边界(金莉，2022；张剑，2023)、新文科背景下外语学科的建设任务(刘宏，2021；宁琦，2021)等问题展开了探讨。研究者们普遍认为，外语学科知识体系变革是时代和学科自身发展的必然要求，并强调应以生态性、全局性视角来考察外语学科的知识体系创新问题。

我们知道，外语学科内涵建设不仅仅局限于提高学生的语言能力，还要培养学生跨学科的知识与能力。要实现新时代外语建设的内涵式发展，需要文文交叉、文理交叉、文工交叉，跨学科发展似乎已成为时代发展的必然要求。因此，近几年外语学科与其他文科、外语学科与人工智能等复合的新专业建设如雨后春笋般全面铺开。

王俊菊(2021)、刘宏(2021)、何莲珍(2021)等均指出了外语学科"跨"的必要性，认为学科交叉融合是新外语学科建设的重要突破点，是外语专业高质量发展的需要，更是助推全球治理、文明互鉴、传播中国故事、提升中国国际影响力等国家战略的利器。针对"如何跨"的问题，诸多学者从语言学、文学、比较文学与跨文化、翻译、国别和区域这五大外语专业基础研究方向着手分析跨学科实现路径(戴炜栋、胡壮麟、王初明，2020；胡开宝、王晓莉，2021；张剑，2023)。也有学者强调以数字智能赋能外语教育，助力外语学科建设(胡壮麟，2019；刘夏、何高大，2022；佟和龙，2023)。如胡壮麟提出"语言智能如能融合其他多元智能，将会进一步提高我国的外语教学水平，取得更好的教学效果"，而李佐文和梁国杰(2022)则指出"加强语言智能交叉学科建设，有助于解决新的科学问题，培养高端复合型人才"。

还有学者就国际传播力跨学科培养进行了分析，如何宁和王守仁(2021a)认为外语专业的发展应该突出国际传播能力培养，通过创新人才培养模式和外语课程改革，为国家培养人才。郭英剑(2021)则分析了新文科背景下外语专业在实现国际化复合型人才培养方面的做法，他指出可以开设跨院系、跨学科乃至交叉学科的新专业；还可以开设专门用途类外语课程，服务其他学科与国际交流的需求。蔡基刚（2021）的观点更为前卫，他认为新外语不是人文学科内部的交叉，而是和国家急需的硬学科如理工农医等学科的交叉。

可见，对于新文科建设语境下外语专业需要走跨专业发展这一路径，学者们已达成共识。对于近几年学科建设中交叉融合方面的进展，张剑（2023）指出，从外语学科的发展现状来看，"交叉融合"已经在五大学科领域开展起来，其中语言学、翻译学与理工科的交叉融合做得最好，文学和国别区域研究则次之。不过，这些研究虽然为新文科外语人才培养提供了宝贵的经验，但业内研究多聚焦于外国语大学和综合性大学的外语学科发展情况，且多限于翻译人才培养以及外语与新闻传播、国际组织、财经贸易进行交叉培养的问题，交叉融合始终是在文文内部，文理、文工的交叉融合几乎仅限于科学研究层面，缺少全面探讨与实践。

除了对外语跨学科理念的研究，还有学者提出要结合校本优势发展新文科外语并构建高水平师资、教研团队（何莲珍，2021；胡伟华、张睿，2022；罗选民、梁燕华、叶萍，2023）、推进教材建设（王乐、王晓浔，2023；蔡基刚，2023；邓世平，2023；叶玉珠，2024）、开展思政建设（张翼、徐一楠，2022；徐洪征，2024）以及引入新技术（李炜炜，2023；彭青龙，2024）等。外语新文科建设正从一纸蓝图化为一场场生动实践，在技术融合、人才培育等方面取得了可观成效。

然而，不得不承认，建设跨学科专业的具体推进工作困难多且周期缓慢，这是因为学科交叉并非简单叠合两个不同学科，而是跨学科知识体系的有机融合，需要依托精心设计的跨学科课程，尤其是有交叉学科背景的师资来设计课程、实施教学（史菊鸿，2023）。

正因为如此，关于新文科的学术争鸣从未停止。比如新技术的引进是否会冲淡外语学科应有的人文气息？如何在技术变量中坚守人文追求？再者，作为一种理想化的人才培养模式，复合型人才培养面临学科属性不明、边界模糊、内涵发散等问题。"复合"追求往往采用"外语＋"的模式落实，但该模式面临两个难题。其一，它无法回答外语是学科还是工具的争议。有学者提出，"'外语＋'实质上是一个伪学科复合概念，因为在

'外语＋'里，外语仅仅是语言技能，而不是学科，所以并不存在学科复合"（曲卫国、陈流芳，2019）；其二，如果外语专业能够培养出"精语言、通领域"的复合型人才，那么金融和贸易等专业同样能够培养出"精领域、通语言"的复合型人才，依托不同学科的复合型人才谁优谁劣、谁长谁短，谁又更符合国家对高层次国际化人才的定义呢（张晓红、林家钊，2023）？因为探讨外语学科如何通过学科交叉融合建构和创新自身知识体系的实证研究尚不多见，所以思辨式的、缺少实践的研究难以得出有效的结论。

再者，交叉融合是否可以看作新文科建设的内涵？它只是"催化剂"还是新文科建设的目的？新文科背景下的外语学科要在哪些方面对传统文科有所突破，有所超越？高等教育的目的是既要通过培养高级专门人才，推动科技进步和社会发展，提高国家的国际竞争力，又要满足人的个性成长的需求，那么外语学科怎样满足受教育者个人价值的实现？怎样服务于国家和社会？这一系列问题亟待厘清。

有鉴于此，本书在梳理归纳新文科本质与内涵的基础上，力求探析新文科背景下的"新外语"建设理念与指导方针，并参照部分先行高校的成功做法，为新文科背景下高校外语学科建设向纵深度牵引提供借鉴与参考。

第三节

本研究的目的、内容与方法

（1）研究目的

本研究以一流外语学科建设路径为研究对象，在凝练"新文科大外语"建设理念的基础上，以"交叉融合"为切入点，以"高等教育服务国家战略和地方区域经济发展、从学科导向转向产业需求导向"以及"实现高等教育育人功能"为思想引领，吸收全国新文科建设先行高校的经验，分析高校外语学科交叉融合人才培养模式现状、既有基础、存在的问题与建设难点，最终凝练出创新人才培养模式的具体方案、重点与注意事项。

（2）研究内容

其一，"新文科、大外语"内涵的解读、新文科背景下外语学科人才培养理念的归纳。

目前颁布的新文科建设相关文件，本质上仍然是实践层面上的宏观性指导文件，对于理论层面上的外语新文科建设实质及外语人才培养理念等问题未能充分回应，因此有必要深入解读理论，以指导实践。

其二，深度交叉融合的可能性及融合方案的分析。首先要明确文文、文理、文工深度融合的可能性。其次在实施路径上，必须有新的理念、结构和体系，在此基础上探讨具体路径如跨院系组织形式、跨学科师资建设、新型人才培养方案制定等。尤其在文理、文工交叉融合方面，外语学科中文理、文工交叉尚比较少见，因此对建设理念、体系及建设路径必须做好可行预案，方能指导其顺利实施。

其三，新文科建设代表高校的外语学科建设的经验与问题的考察。以浙江大学、北京外国语大学等为代表的新文科建设高校的经验完全可以为其他高校提供借鉴。通过分析共性因素和个性因素，探寻可复制的经验。

(3) 研究方法

首先，通过解读新文科相关文献资料，整理出新时期外语建设理念与指导方针。其次，通过访谈调研外语一流本科专业建设点情况，寻求经验，并发现问题与不足。最后，根据国家政策和新文科建设精神考察高校新文科外语建设问题，凝练解决方案，为推动高校外语人才培养内涵式建设进程提供借鉴。具体来说，本研究采用文献研究法、访谈研究法和个案研究法展开深入探讨。

其一，文献研究法。文献研究法主要用于解读新文科建设要义、外语教育理念及外语新文科建设理念等内容，通过对已有相关研究的梳理与探究，从中找出本研究的切入点。

其二，访谈研究法。质性访谈用于文献研究所得出的相关研究结论，加深对相关研究结论的理解和认识，探究结果背后的原因，从而为本研究的理论提升提供坚实基础。

其三，个案研究法。通过类型化筛取作业，选择代表性的综合类大学、外国语大学、行业性大学、具有地方特色的综合性大学外语学科等个案研究对象，总结其各自在新文科人才培养体系方面的优点和创新之处，为其他高校提供借鉴。

(4) 本研究的创新之处

其一，学术理论层面的创新。通过解读新文科与大外语的本质与内涵，分析高等教育领域改革、深化与拓展的教育内部规律；通过解析相关政策文件及外语专业发展现状、问题、改革方向，从而厘清外语新文科建设的根本要义与指导思想，勾勒出外语改革目标，为国内相关研究提供借鉴。

其二，研究方法层面的创新。本研究综合运用文献研究法、深度访谈法和个案研究法等展开。通过分析外语学科建设要求和目前存在的问题，发掘出一流外语学科建设存在的差距与不足。通过对综合性高校、外国语高校、行业特色院校、地方院校外国语学院院长的深度访谈，针对先行高校新文科外语人才培养的基础、条件、现有资源、培养特色等进行分析，解读新文科建设先行高校外语专业建设的先进经验，从而为一般高校提供借鉴。本研究做到了多技术手段并用，丰富了外语教育研究的方法。

第二章

新文科的形成及其要义解析

新文科建设正在路上,其间不可避免地会遇到一些认知屏障和实践困境。例如,新文科的内涵界定、新文科的实践路径探索等问题,都亟待深入探讨。事实上,新文科概念自一登场便受到广泛热议。本章主要探讨新文科的起源、中国新文科与美国新文科的差异、中国新文科的特质与内涵等问题。

第二章 新文科的形成及其要义解析

第一节

关于新文科起源的争论

学界一般认为,"新文科"起源于美国俄亥俄州的希拉姆学院(Hiram College)。2018年9月19日,刊载于《北京日报》上的一篇题为《一场新文科的尝试》的文章提到"美国希拉姆学院旗帜鲜明地提出了新文科的教育理念"(麦可思、王慧,2018)。教育部新文科建设工作组组长、山东大学原校长樊丽明(2019)也认为:"2017年美国希拉姆学院率先提出'新文科'概念,他们所阐释的新文科主要是专业重组,即不同专业的学生打破专业课程界限进行综合性的跨学科学习。"随后,不少人每每提及新文科就将希拉姆学院当作新文科的源头。

要弄清新文科的实质与内涵,需要追本溯源,廓清以下问题。新文科果真起源于美国希拉姆学院吗?果真如此的话,美国的新文科也可能始自希拉姆学院吗?那么,希拉姆学院的新文科建设成效如何?是否取得了成功?新文科在美国有什么样的评价?建设中国新文科有必要探究希拉姆新文科的产生和发展,分析和借鉴美国高校倒闭潮时期新文科模式的经验与教训。只有厘清这些问题,才能探讨中国新文科的缘起与内涵。

1. 美国新文科建设的渊源与发端

如上所述,尽管人们在谈论新文科这一概念时,多把它追溯到美国希拉姆学院2017年的改组,但也有学者追溯到斯隆基金会的"新文科倡议",甚至有人追溯到百年前。

(1) 美国新文科的发展探源

赵奎英(2020)曾撰文称,据希拉·托拜厄斯(Sheila Tobias)一篇《回顾1980—1990年的新文科倡议》的报告所述,"新文科"早在1980年即由美国斯隆基金会提出。报告指出:"斯隆基金会在1980—1990年斥资2 000

万美元,启动并实施了一系列范围广泛的课程和项目,将技术和定量素养纳入古典文科的研究领域。"而 1982 年《自然》杂志发表的短评《文科的新出路?》谈及:"斯蒂芬·怀特((Stephen White))先生去年出版的名为《新文科》的小册子引起的骚动至今仍未平息。"

赵奎英(2021)继而分析指出,"新文科"作为当今时代文科教育的融合创新发展,它首先意味着一种跨学科的深度交叉和融合,尤其是文科与新科技革命的融合。斯隆基金会的《新文科项目报告》中说:"斯隆基金会的新文科项目旨在鼓励在大学课程中把定量推理和技术放在中心位置。它认识到,现代素质教育培养的毕业生,应该熟悉他们所生活的技术世界,并在广泛的领域中对定量方法、数学和计算机模型以及技术思维模型的应用有经验和适应能力。"

当然也有学者认为,美国新文科的萌发甚至可以追溯到百年前。蔡德贵(2022)指出,美国是一个不乏创新的国家,美国新教育联合会执行秘书、教育家斯坦伍德·科布(S. Cobb),作为思想家杜威(John Dewey)推行新教育运动的重要助手和合作者,在其著作《新教育的原则及实际》中首次提出一种观念:儿童教育第一要务是健康,健康包括肉体的健康和精神的健康,两者均不能忽视。我们的目的是造就人类一切能力的圆满发展。人类的健康成长是"科学精神、人文精神和灵性精神"的统一协调,人的全面发展也应该是三种精神的协调并行。三种精神相互补充,谁也不能代替谁——科学精神指导人的自然性,人文精神指导人的社会性,灵性精神指导人的精神性。这种教育理念批评了美国只重视物质主义的倾向,给杜威和助手科布开启了新教育运动的思路。而杜威开创的新教育运动,无疑影响了新文科,也正是新文科所追求的理想价值。

吕凯(2024)指出,跨学科的人才培养,至少可追溯到 20 世纪 30 年代的派生词 inter-discipline(跨学科)入选《牛津大辞典》。当下美国语境中的新文科实质上是 20 世纪 80 年代"交叉学科"的升级版。美国几十年前就屡屡提及"New Liberal Arts",要求打破学科、专业壁垒的跨学科内核的拓展和古典文科的复兴。1980 年,麻省理工学院斯隆管理学院(MIT Sloan School of Management)和芝加哥大学开始新文科改革,在小范围内引起了教育界的关注。

不只是教育实践,在这几十年间,有关新文科的研究也在进行中。麻省理工学院出版社和纽约州立大学研究基金会都曾出版"新文科系列"的研究专著。如出版于1984年的《语言的生物学视野》，就属于麻省理工学院出版社出版的"新文科系列"（New Liberal Arts Series）。另外，学界也不乏对跨学科展开探讨。如在2002年，美国社会学家沃勒斯坦（Immanuel Wallerstein）在一次讲座上批评了学科的界限划分，他认为"学科"这个概念是19世纪的发明，是德国研究型大学的产物，缺乏有效的经验认证，并已经成为现代学术研究的一个主要障碍，应该破除学科之间的界限，重组学科结构（朱晓刚、廖源菁，2022）。

当然不止在美国，其他国家很早也启动了传统学科再造运动。如早在20世纪50年代，剑桥大学物理学家、文学家斯诺（C. P. Snow）就曾提出"两个文化隔阂"① 的观点；以1970年在法国召开的首届国际跨学科问题研讨会为标志，国外学者开始深入探讨跨学科科学研究、跨学科教育中的理论与实践问题。此后历经50年的研究探索，国外跨学科研究的内涵更为丰富，形成了有别于传统学科的多学科、跨学科、交叉学科、超学科等各种学科新理念。其中，跨学科教学是与新文科类似的概念，是一种鼓励学生运用多学科知识解决问题的方法，侧重于学生的兴趣、学科的联系、真实情境的使用和解决问题的技巧（陈曼，2023）；这些都可以看作新文科的萌芽。

因此，"新文科"的名与实都非希拉姆学院首创，希拉姆学院不过是将之落地而已。

---

① 1959年，英国学者斯诺在剑桥大学的讲座上提出了"两种文化"的问题，其出发点是担心科学与人文两个不同文化群体间缺乏知识认同，互不理解、隔阂加深。举例来说，斯诺很焦心于科学家没读过莎士比亚，文学家不懂热力学第二定律，缺乏相互交流的共同知识基础。在他看来，文化是由人文文化、科学文化两大子系统构成的，这两种子文化的核心分别就是人文精神和科学精神。这两种子文化都由知识系统、方法规则系统和精神理念系统构成，其中，知识系统处于最外层，人们最容易接触到；而精神理念处于其核心层面，看不见、摸不着。如果只从文化的知识层面来看，两种文化间的沟渠不仅无法弥合，而且会越来越大。然而，在两种文化的精神理念层面，逐步消弭鸿沟，融合人文精神与科学精神，这不仅非常必要，而且也是可行的。事实上，在斯诺演讲前十年，我国建筑大师梁思成1948年就在清华大学的讲演中，以"半个人的时代"为题，批评了当时的文、理科学生的知识片面化问题。专业知识有分野、有分工，但无论是科学还是人文领域，即在人文精神、科学精神的层面，应该且可能实现深度的融合。

(2) 希拉姆学院新文科建设的动机

新文科并非起源于希拉姆学院,但该学院的改革却引起了极大轰动,其原因为何?这有必要从其历史与发展过程中寻找答案。

希拉姆学院创立于 1850 年,虽然历史悠久,但作为一家小型的私立学院,在校生仅有一千多名,国际学生只有 1%,在美国 2018 年最佳学院排行榜上的排名是全国文理学院第 141 名。但该学院长期以来一直保持"变化"、"灵活性"和"敏捷"的优秀传统。学校认为,文理学院在很大程度上旨在培养学生的阅读习惯和促进学生的全面发展,然而这些只是必要而非充分的目标。学校的目标追求就是进行综合变革。恰在此时,2014 年 7 月,该学院迎来瓦洛塔(Lori E. Varlotte)博士,她成为希拉姆学院的第 22 位也是第一位女校长。此前,她担任加州州立大学萨克拉门托分校的规划、招生管理和学生事务高级副总裁。她调任希拉姆学院院长期间,带领学院筹集办学经费超过 5 600 万美元;并对 29 个专业加以重组,将新技术融入哲学、文学、语言等传统课程,为学生提供综合性的跨学科学习体验,并将希拉姆定位为新文科院校。新文科将经典专业与当下时代需求相结合,优先考虑综合和跨学科学习,保证所有学生完成体验活动,并推广"正念技术"①。作为新文科的组成部分,瓦洛塔博士和她的领导团队支持教师进行课程改革,其中包括许多新专业。因此,一些最新的学科——综合运动科学、公共卫生、体育管理和刑事司法——迅速成为希拉姆学院最受欢迎的领域(蔡德贵,2022)。

上述为希拉姆学院建设的最终结果。要追究其内因,就不得不考虑其社会背景,即"文科无用论"在美国的影响。"文科无用论"导致就业率降低、招生数量减少、学费收入锐减,进而使学校陷入财务危机。这种危

---

① "正念"一词源于佛教禅修,由坐禅、冥想、参悟等发展而来,是一种特有的精神调节方法。主要做法是有意识地觉察当下的一切,将注意力集中于当下,但又对当下的一切观念都不作评判。因此,在现代心理学中,正念被发展成为一种系统的心理疗法,即正念疗法。由此发展而成的正念技术正逐渐被应用于教育领域,比如提升专注力、情绪调节和压力管理等方面。通过正念训练,学生能够更好地集中注意力,提高学习效率,同时学会管理和调节自己的情绪,从而更好地应对学习和生活中的各种挑战。日文单词"正念場"(しょうねんば)便是起源于上述佛教文化的典型词汇,意指"重要場面""紧要关头"等含义。

机在财务、学费和招生方面呈现出一损俱损的局面，尤其是小型院校，其财务危机的主要原因是过度依赖学费。随着招生人数的下降，学费收入也随之减少，而捐赠收入通常不到学校支出的三分之一，这使得学校陷入收支困境，面临倒闭风险。办学185年的青山学院、办学174年的麦克莫瑞学院分别在2019年、2020年倒闭。高等教育市场化与实用主义互为因果，内外交困导致不少美国高校走入绝境，有些高校寻找变革思路（吕凯，2024）。

"有用"的理工科意味着高薪，薪资"排名前十的专业大多与工程学相关""在五年后薪资排名垫底的十个专业大多是文科专业"。美国CNBC 2022年年底的调查显示，理工科仍然是待遇最好的专业，大学生最后悔所选专业前十中有新闻学、社会学、人文专业、传播学、教育学、营销管理等专业，大多是文科。日本的"挣钱的理科"和"不挣钱的文科"对立是世界性的现象和趋势。不少高校文科没落，甚至停止招生，影响收入和财务运转。危机中的文科出路何在？希拉姆等高校不得不在"有用"与"无用"之间，在文科与理科、古典与现代、学术与职业间抉择以自救。"在教育理论中存在'什么知识最有价值'的话题，与卢西亚诺·弗洛里迪（Luciano Floridi）提出智能化社会中'什么才是教育真正需要解决的'话题是一致的。"只有跨越传统文理界限，才能根本缓解文科危机。对于希拉姆学院来说，新文科不是不二的选项。然而，一百多年来，文科一直是希拉姆学院的强项，如果转向职业教育，就要涉及师资和更多裁员的问题，因此希拉姆学院基于自身因素叠加以上国内国际因素，最终走上新文科改革的道路（吕凯，2024）。

可见，希拉姆学院改革的根源是文科式微和美国私立高校倒闭潮，其指导理论是管理科学、建构主义理论，国家政策是指针。与斯隆学院"新文科"时代的IBM、微软等技术革命背景不同，希拉姆学院改革更有宏观经济环境恶化、学生减少、财务问题、学校兼并和倒闭等互为表里的问题，也源于重视科学真理的理工科和重视美学价值的文科之间的争论、知识的"应用转向"与文科被边缘化（吕凯，2024）。概言之，新文科在美国的出现与人文学科遭遇的危机有关，而希拉姆学院将之具体化则是由于应用型学科的崛起及传统文科的式微，导致学院面临生存危机，从而不得不做出的应变之举。

(3) 希拉姆改革的成效与业内评判

瓦洛塔担任校长的五年间,她以领导包容性的新文科改革引起国内外关注,给师生和学校带来了正面效应,学院在排名、招生、筹款等方面收效显著。首先,学院在排名方面提升明显。2019 年版的《华盛顿月刊》将学院列为全美只授予学士学位的高校中的第四名。学院还被"国家大学评级指南"认定为"杰出学院"。据《普林斯顿评论》报道,希拉姆还被列为 2019 年"福布斯顶尖大学"之一。2021 年,希拉姆在高教领域的卓越表现再获认可,赢得全美 2021—2022 年"杰出学院"和"俄亥俄州杰出学院"称号;同年在中西部"最有价值"院校中名列第三。2022 年,学院被《美国新闻与世界报道》评为顶级学院:这些都和希拉姆新文科不无关系。其次,学院招生人数逐年增加,师生比也更优化合理。最后,学院财务更稳健(吕凯,2024)。

当然,看似希拉姆取得了极大成功,但它的成功也仅是局部层面的。它并非万能膏药,美国教育界对希拉姆学院的改革并不持乐观态度。而且在美国,新文科也受到多方质疑。质疑者担心新文科会"文不文、理不理",成为一种"四不像"的东西。如格雷格·托波(Greg Toppo)在 2018 年 5 月 2 日发表的博客《"新文科"?还是不那么文?》就指出:希拉姆学院正在困惑如何保持其文科传统,同时吸引新一代的以职业为驱动且精通技术的学生。校长已经开始倡导她所谓的"新文科",这是比传统课程更加综合的、跨学科和体验式的版本,将哲学、数学、文学、语言等方面的学习与"高影响力的体验"相结合,并采行"正念技术"。校长坚持认为,文科将注入新的专业,例如计算机科学和综合运动科学,这对于文科院校来说是新颖的举措。他引述伯洛伊特学院名誉校长的话称,他理解希拉姆学院扩大其服务范围的必要性。"如果这就是拯救希拉姆所需要的,那就是他们必须做的。谁能为此责怪他们?"但是,这对文科来说不是很好。现在越来越多的批评家认为文科是"极其昂贵的精英奢侈品",大学必须共同努力打击这种想法。提供会计或运动科学可能会吸引更多学生,但会削弱整体努力。文科教育的本质优势在于你学习无用的东西,你专注于学习的行为,而不是你正在学习的东西(蔡德贵,2022)。

伯洛伊特学院生物学副教授兼教员主席尼古拉斯·赫希(Nicolas

Hirsch)说,他的大多数同事仍然"对这些变化持谨慎乐观态度"。埃默里大学的英语教授马克·鲍尔莱恩(Mark Bauerlein)广泛撰写有关美国高等教育和文科的文章,他称赞瓦洛塔和她的教师"认识到我们需要文科——我们需要振兴它们"。但他预测,除非希拉姆确保投资于优质教学,否则这项努力"将会失败"。"人文学科的唯一基础是书籍、杰作、崇高而美丽的物品。""这是唯一能让他们在大学校园里充满活力的东西。"鲍尔莱恩认为,驱动学生的是内容的美感,吸引学生的是材料,而不是技能发展。鲍尔莱恩说大多数教师都达不到如此的教学要求(蔡德贵,2022)。这种批判不无道理。

当然,美国新文科在我们国内也存有质疑,如其概念与内容并不新颖。陶东风(2020)在《新文科新在何处》一文中指出:希拉姆学院提出的新文科,也只是对传统文科进行学科重组、文理交叉,即把新技术融入哲学、文学、语言等课程之中,根本上仍是从技术的应用角度着眼。

储朝晖(2021)在题为《警惕"新文科"沦为形式化学术》的文章中毫无掩饰地分析道:在学术研究领域,新文科为一家之言,将其转变为面上推广的项目是一种探索。一方面,新文科是美国希拉姆学院为了将新技术与老文科相结合而提出的概念,但该概念在美国文科的专业品质与水平上并未占先。"新文科"未必是"优文科""好文科",仅是多了一种工具和手段的文科。这种工具的使用又受到各种条件的限制,具有短期内难以克服的脆弱性,其效能未必高于不用这些工具的专业人士。更重要的是,一种工具是否用得好,关键在于使用者是否有思想。如果有,好的工具便是如虎添翼,反之,再好的工具终究也只是一件摆设。从这个角度看,我们也不可高估"工具"的作用。这种批判我们应引以为戒。

综上,我们认为,希拉姆学院进行的院系重组、学科整合、课程优化和技术赋能等全套改革取得了一定效果,成为美国新文科的代表,从而引起关注,甚至被误解为希拉姆学院是"新文科"发源地。这也带来了一个小问题,那就是,我国学界对美国新文科进行了过度拔高式的评价。

2. 中国新文科建设的渊源与发端

我国的新文科概念自诞生之日起经历的时日尚浅,其发展脉络大致如下文所示。

2018年8月,中共中央(教育部高教司)在所发文件里明确提出"高等教育要努力发展新工科、新医科、新农科、新文科"(简称"四新"建设),"新文科"概念正式走到台前。

2018年10月,教育部印发《关于加快建设高水平本科教育 全面提高人才培养能力的意见》等文件,决定实施"六卓越一拔尖"计划2.0,首次增加了心理学、哲学、中文、历史等人文学科,新文科建设的思路初见端倪。

2019年2月26日,在教育部召开的2018年全国教育事业发展基本情况年度发布会上,教育部高等教育司强调在新文科建设方面,要适应新时代哲学社会科学发展的新要求,推进哲学社会科学与新一轮科技革命和产业变革交叉融合;培养具有新时代中国特色、中国风格、中国气派的先进文化;培养优秀的社会科学家;通过推动新文科的建设,形成有中国特色的哲学社会科学的学派。

2019年4月29日,教育部、科技部、财政部、工信部等13个部门在天津联合召开"六卓越一拔尖"计划2.0启动大会,全面推进新工科、新医科、新农科、新文科建设,提高高校服务经济社会发展的能力。"四新"建设工程开始启动。2019年被认为是新文科建设启动年(吴岩,2019)。

2020年,业内进行了轰轰烈烈的讨论并逐步开始实施。

2021年起进入了大规模建设阶段。

首先,需要说明的是,新文科不是单独出现的,而是与新工科、新医科、新农科等概念一起提出来的。但新工科、新医科、新农科不能与新文科相提并论,因为它不在同一个体量平台上。新文科的研究对象严格地讲是整个人文社会科学,而新工科、新医科、新农科,它们每一个都分别是自然科学的内部组成部分之一或内部的板块之一。新文科受到大家的普遍关注,甚至引起很大的争议和讨论,但新工科、新医科、新农科并没有像新文科一样引起学界如此大的关注度,其中一个非常重要的因素就是新文科的概念提出之后已经超出主管部门掌控的范围,变成了一个公共学术话题。而主管部门推出新文科的时候,并未同步给出一个权威的界定(王学典,2022)。因此,新文科备受瞩目,热度更高。

其次,由以上时间节点可以看出,貌似新文科是近几年才出现的新生事物,但它真的就是全新事物吗?越来越多的学者指出,中国的"新文

第二章　新文科的形成及其要义解析

科"并非源自希拉姆"新文科"（黄启兵、田晓明，2020；赵奎英，2021；吕凯，2024）。在我国，新文科的"跨学科"特征古已有之，表明学科通约性，近代人类学、社会学，甚至文学研究何尝不是跨学科（吕凯，2024）；改革开放以来，我国许多理工院校办文科专业，建设新文科，不仅扩大了文科人才培养的规模，而且具有更深远的含义，甚至建立了学科交叉的新文科群（黄循伟，1998）；很多高校采取跨学科人才培养模式，形成比较宽阔的交叉性的跨学科的知识树（张异宾，2009）。

以外语学科为例，有学者指出，早期的以"外语＋X"为模式的复合型外语人才培养（罗世平，2000），以及依托人文社会科学学科为基础的通识型外语人才（胡文仲、孙有中，2006），均强调学科交叉培养的重要性。因此，"交叉融合、共融发展"是外语专业历久弥新的发展主基调与学界共识。而纵观近代以降的科学发展历程，往往重大的科学进展、新学科的产生离不开学科间的彼此交叉与相互渗透（胡开宝，2020）。因此，新文科虽成于当下，但其雏形早已有之。

如北京大学在1912年始设文科，"以哲学、文学、史学统为一科，而号曰文科"。1918年，蔡元培校长在回复傅斯年《致蔡元培：论哲学门隶属文科之流弊》的信函中，不赞成傅斯年提出设置"哲、文、理"三科的主张，大力倡导"破除文、理两科之界限，而合组为大学本科之为适当也"。强调文理并重，强调传统的文学与史学"皆用科学的研究方法""输入西洋文化，当整理国学，当注重自然科学"，这可以看作近代中国"新文科"建设的雏形。

1997年10月，季羡林先生在山东大学作了题为《对21世纪人文学科建设的几点意见》的演讲。演讲提出一个著名的观点：21世纪，从学术发展来看，学术交融会越来越明显；文、理科将很难区分，文科必须用理科的知识，理科必须用文科的知识。文科学生从现在起就要通一门理科课程，掌握好一门外语，不断扩大知识面，吸收新知识。季先生在演讲中还指出，总体来看，欧美人更善于创新。拿语言学来讲，西方是过几个月就出现一个新学说。出来以后，过不多久就销声匿迹，然后再出现一个新学说。我们中国为什么就没有？季先生认为，从学术发展来看，学术交融越来越明显。最初欧洲只有物理、化学、生物。现在呢？物理化学、生物化学，已经交叉了。现在看21世纪，文、理都很难分。所以文科必须用理科的知识，理科必须用文科的知识。这一点从学术发展的情况来看，绝对没有问题。季羡林先生严厉批评了重工轻理、重理轻文的现象，提倡应该文理并重。到1999年季羡林先生在和苗苗（张枋）谈话时，进一步概括为"三个贯通"。他指出：最近清华大学办了一个班，选的是高才生，提出要培养中西贯通、古今贯通的人才。但只有这两个贯通还不行，还应该加一个文理贯通。三贯通，这才是21世纪所需要的青年。这三个贯通其实就是新文科的精髓所在（蔡德贵，2022）。

由此可以看出，"新文科"之名虽历时尚浅，但其"实"早已有之。可以说中国新文科一直在悄然探讨中，只是到了2018年才应运而生。那么，中国的新文科和美国是否有差异？如果有，其差异究竟体现在何处？下节将围绕以上问题综合展开分析和探讨。

第二节

我国新文科建设学界大讨论

自新时代我国"新文科"概念登场以来,学界就展开了轰轰烈烈的大讨论。大致来说,学界的探讨主要集中在内涵释读、宏观路径探索以及某一具体专业人才培养等方面。

1. 关于"新文科"内涵的释读

首先,关于"新文科"的内涵及实质并未形成一个统一的说法。前几年许多研究者就将科技赋能视为解读的关键词之一(王兆璟,2019;马世年,2019)。在 2020 年 11 月威海新文科会议上曾经讨论过这一问题,但更多人则是从教学的技术手段上来界定新文科,似乎新文科就是能运用大数据、云计算、智能化、数字化等新技术的文科。吕凯(2024)曾明确表示:新文科的本质要件是"跨学科"和"数字人文"(科技赋能)。因此,一些人将"新文科"定位为一种跨学科的教育,侧重学科交叉,尤其是新技术在文科当中的应用,将其理解并定位成一种"工具"。

用这些纯技术的东西来界定新文科的内涵是否准确?历史的经验值得注意。曾几何时,"三论"如系统论、控制论和信息论曾风靡学界,许多人一度认为,谁不掌握这"三论"谁将会被学界淘汰。但几年之后,"三论"和所谓"新三论"本身均已烟消云散。因为技术是工具不是本体,仅靠技术不能代替洞察力、判断力、概括力,更不能代替理论、概念与思想的作用。所以,仅靠技术无法支撑"新文科"(王学典,2022)。

当然,另一方面,我国学界对于"新文科"的界定,不少也是从与传统文科的对比来进行阐释的。如冯果(2019)认为:"新文科是相对于传统文科而言的,是对传统文科的提升,其目的在于打破专业壁垒和学科障碍,以广博的学术视角、开阔的问题意识和深厚的学术积累为基础,为学生提供更契合现代社会需求的素养训练,是对快速变革的社会生活的主动回应。"

王铭玉和张涛(2019)对新文科作了如下定义:"新文科是相对传统文科而言的,是以全球新科技革命、新经济发展、中国特色社会主义进入新时代为背景,突破传统文科的思维模式,以继承与创新、交叉与融合、协同与共享为主要发展建设途径,促进多学科交叉与深度融合,推动传统文科的更新升级,从学科导向转向以需求为导向,从专业分割转向交叉融合,从适应服务转向支撑引领。""新文科是在新的时代背景下传统文科的转型升级,具备战略性、创新性、融合性、发展性四大特点。"

刘建军(2021)则认为,业内关于其内涵的讨论不是"新文科"所独有的,而是所有学科(工科、医科、农科等)都应该具备的特征和必须遵守的基本原则,是属于每个新学科都要具备的共同属性。由此可见,今天我们需要在重新认识和重新构建全部学科的基础上探讨"新文科"的建设;就其本质而言,"新文科"与其他"新学科"一样,都应该是应对时代挑战而进行学科改革以及重新构建其赖以生存的知识体系的产物。可见,关于新文科的认识,见仁见智。

那么,新文科"新"在哪里?黄启兵和田晓明(2020)总结为:或强调某一方面之"新",或全面分析其"新"。一是强调某一方面之"新"。樊丽明(2019)认为"新文科"有四点"新":新科技革命与文科的融合化发展,历史新节点与文科新使命,进入新时代与文科中国化,全球新格局和文科国际化。陈跃红(2020)强调"新文科"之"新"在于创新:"眼下提倡的新文科,不是新旧之新,而是创新之新,是立足于新科技时代,为了未来创新型人才培养,对文科提出的提升要求。换言之,是要打造'2.0版新文科'。"魏琛(2020)认为,新文科建设强调学科建设的交叉融合性、开放包容性与技术人文性,以求同存异、互鉴共进、协同发展为核心基准。二是全面分析其"新"。如刘艳红(2019)认为,新文科的"新"主要体现在学科协同之新、信息技术融入之新、人才培养模式之新等方面。周毅、李卓卓(2019)认为新文科的特征有四个:新交叉、新功能、新范式、新路径。夏文斌(2019)总结为四"新":一是在服务国家战略上有新要求;二是促进学科的交叉和融合;三是高水平的人才培养体系;四是人文精神的现代传承。王学典(2022)认为,"四新建设"的"新"不是新旧的新,而是创新的新，新文科的核心就是文科的创新。

学者们从不同角度各自阐释了新文科"新"在哪里，这将有助于人们了解新文科之"新"。但有几个问题尚需探讨：一是有学者将传统文科同样并始终强调的内容也阐释为新文科之"新"，如传统文科一直强调人文精神的培养，这就难免有牵强之感；二是有学者将新文科本身具有的内容之"新"与如何建设新文科的举措之"新"混为一谈，这将新文科的建设路径、方法选择异化为特点本身；三是有学者特别强调新文科之"新"在于"创新"，忽略了传统文科的合理部分，忽略了新文科应包括对中国的优秀传统文化的坚守与传承。有学者甚至提出"文科"建设应当审慎使用"创新"一词。因为创新不仅是对传统糟粕成分的坚决剔除，也有对优秀传统的执着坚守和继承；不仅是对问题现实的无情批判，也有对现实成果的总结和提炼；不仅是对未来收益预期的充分前瞻和恰当估计，也有对潜在风险可能的理性、冷静的预判和提醒（黄启兵、田晓明，2020）。

也有学者探讨了新文科的中国特色问题，如马骥（2019）认为："新文科是基于全球新技术发展与新时代中国特色社会主义发展的战略安排，突破传统文科的思维模式，注重通过文科内部融通、文理交叉融合来研究、认识和解决学科本身、人和社会中的复杂问题，构建中国特色社会主义的学科知识体系，并引领学科发展。"王学典（2020）认为中国正在经历第三次学术大转型，中国文科各领域都面临着从西方化的学科体系向中国特色的学科体系转型这样一个挑战或任务，与现实、社会、政治、意识形态重新缔结更加紧密的新关系将构成"新文科"的鲜明特征。樊丽明（2020）则从新一轮科技革命和产业变革推动、中华民族伟大复兴的历史节点要求、人文社会科学的本土化和国际化进程四个方面，系统阐述了社会发展变革对文科所提出的融合化、时代性、中国化和国际化的发展要求。

如上所述，虽然侧重点不同，但交叉融合、科技赋能、中国化无疑是新文科的要义。学界不仅在廓清新文科的内涵方面下足了功夫，对于其实现方式也跃跃欲试。

2. 宏观路径探索和具体专业人才培养

2020 年 11 月 3 日在山东召开的新文科建设工作会议发布了《新文科建设宣言》。《宣言》对新文科建设的理念和原则进行了说明，并提出了

"守正创新、分类推进"的方针，这有助于对新文科内涵的理解和对新文科建设共识的形成。但如前所述，《宣言》仅是宏观性指导文件，对于理论层面的新文科之实质、具体实施方式未能进行充分阐释。新文科建设如何执行，只能摸着石头过河。

在路径探索与实践推进方面，更需要学者的研究和一线高校的实践。周毅和李卓卓（2019）认为新文科建设要以现有文科专业为基础，同时根据科学技术和社会发展的新需求推动教学内容和教学模式的变革；宁琦（2020）从人才培养和知识创新两个维度分析了新文科建设的路径，认为重点在于分层分类培养以及打破学科壁垒；陈凡和何俊（2020）指出，新文科建设不应是文理交叉的老调重弹，更要在立德树人方面彰显中国文化的内涵；崔延强等（2024）对全国数十所高校新文科建设中复合型人才培养情况进行总结和分析，将现有人才培养模式归纳为双学位和联合学位模式、微专业模式、文科实验室模式、书院模式。这四种典型模式各有优势，用新视角、新范式、新方法带动了传统文科转型升级，并提出了未来各高校应继续探索建立以立德树人为目标、以优势学科为核心、以学科交叉为抓手、以名家大师为引领的复合型文科人才培养体系的建议。

还有不少学者从专业人才培养方面分析了新文科建设背景下的相关问题。顾洁（2019）、唐衍军（2020）、朱婧雯（2023）、严俊和胡明泽（2024）等分析了新文科建设背景下新闻传媒学科的创新路径；姜智彬（2019）、王军哲（2020）、王俊菊（2021）、刘宏（2021）、黄慧和彭云（2024）等则探讨了新文科背景下外语学科面临的新形势与新任务；此外，马骁和李超（2023）、马国泰等（2024）等从财经学科跨学科的角度也分别进行了相应讨论。以外语学科为例，窦硕华（2023）提出了依托学校母体之底蕴，打破学科专业壁垒，促进深度交叉融合，进行专业升级或开辟全新专业，培养跨学科双师型教师，实现特色办学的建议；并针对综合性高校、理工科院校及农林医药等高校的外语学科建设提出了差异化、特色化发展的路径。

综上可以认为，学界就新文科建设的内涵、理念与路径已进行了大量探索，在学科建设的思路与人才培养等方面形成了一定共识，但仍存在以下几点不足：一是对概念阐释还存在各说各话的嫌疑，未能进行全面分析；二是认识到了文科之间、文科与自然科学、现代技术结合的必要性，但文科如何与自然科学结合、现代技术如何应用大多还停留在口号上；三是在具体的路径探索上多以宏观层面的理念设计为主，缺少事例研究，缺乏可资借鉴的成功经验，因而缺乏有根据的、具体可落地的建议；四是对国内新文科建设实践所取得的既有成果未能进行有效总结，因而难以形成具有普遍指导意义的理论与经验。

第三节

新文科的实质与内涵

1. 时代呼唤"中国自主话语体系"

一些学者在阐释新文科精神时,其出发点之一为批判传统文科长期处于学科群的边缘、社会参与浅显、回应社会意识薄弱、原始创新不足、自身难以应对社会发展。之所以如此,盖因此乃学者们从历史、社会和我国文科的历史发展情况做出的一种主观判断。

我们知道,近代以降,中华民族命途多舛。以鸦片战争及甲午战争的爆发为标志性历史事件,近代中国日益难以抵抗外来入侵。为了救亡图存,国人开始"向西看"甚至"向东(日本)看"。因此,长期以来中外交流一直呈现"西学东渐"单项文化交流模式。中国的现代学术也正是在这种西方学科体系和学术体系下展开的,传统不再构成中国观察和认知世界、论证社会合法性的"知识资源",中国学术话语渐次脱离传统中国的知识样式,转而采纳西方现代性的知识样式,其结果是我们与本国的传统文化精神越来越远。对西方学术体系和话语体系的过度崇拜和依赖导致了"唯西方论"的长期存在(窦硕华,2023)。这种盲目崇拜最终会导致"文化缺钙"。近代以来建立在"西学"基础上的诸多概念体系,在阐释我国现代化道路中的诸多现象时更是面临叙事能力贫弱和知识体系不自主的问题,甚至有学者将其称为"用'苹果'的理论来评判'橘子'"(周江洪,2022),造成"中国无法言说中国"的话语权危机。

然而,自新中国成立以来,特别是改革开放以来,中国经济腾飞,社会飞速发展,社会结构、存在状态、运行方式等在很大程度上超越了以往被认为具有"普适性"的社会科学理论。伴随着这一历史性变化,西学范式对于中国特色现象与问题的解释效能日渐式微,因此打破哲学社会科学领域西方话语体系的垄断地位，消除西方权威主义的学术影响，探索建构中国自身的文科学术话语，形成中国文科"自觉"已为必然（窦硕华，2023）。从学理上发现并阐述"真实的中国"、构建依托本土实践的理论模型成为新时代的课题。

2016年5月17日，习近平总书记在哲学社会科学工作座谈会上指出："一个国家的发展水平，既取决于自然科学发展水平，也取决于哲学社会科学发展水平。一个没有发达的自然科学的国家不可能走在世界前列，一个没有繁荣的哲学社会科学的国家也不可能走在世界前列。""按照立足中国、借鉴国外，挖掘历史、把握当代，关怀人类、面向未来的思路，着力构建中国特色哲学社会科学，在指导思想、学科体系、学术体系、话语体系等方面充分体现中国特色、中国风格、中国气派。"

这就是说，如果哲学社会科学体系缺乏特色理论和原创思想，国家也不可能强盛。因此，构建具有中国特色的哲学社会科学或人文社会科学文科（即特色文科）学科体系是中华民族屹立于世界民族之林的重要凭证，也是实现中国式现代化的重要标志。"以中国式现代化全面推进中华民族伟大复兴"成为中国新文科建设的时代语境。

总书记关于中国特色哲学社会科学"三大体系"建设的重要论述，成为我国哲学社会科学繁荣发展的指导方针。这样，一个人文社会科学"中国化"的征程终于正式开启。这是从意识形态上，从党的领导、国家领导人的决策者的层面上，正式把这个问题提到日程上来。当下的中国文科各领域都面临着从西方化的学科体系向中国特色的学科体系转型这样一个挑战或任务（王学典，2022）。

因此，围绕"把握新时代哲学社会科学发展的新要求，推动哲学社会科学与新科技革命交叉融合，培养新时代的哲学社会科学家，创造光耀时代、光耀世界的中华文化，提升文化软实力"，新文科建设强调"推进哲学社会科学与新一轮科技革命和产业变革交叉融合，形成哲学社会科学的'中国学派'"（吴岩，2019）。

当然，在做好内修的同时，中国也亟须在政治、文化、思想、学术等领域在全球范围内形成与之相匹配的话语权。我们知道，学术话语权是国家话语权的基础性要素，但目前中国学术话语处于相对边缘、失语的状态。与西方思想界相比，当前我国人文社科学界的理论创新性、思想贡献性以及学术影响力严重不足，与中国的大国地位不相匹配。只有从思想和价值观念上提升中国学术话语权，才能改变"有理说不出，说了传不开"的被动局面，才能形成与综合国力和实际地位等硬实力相匹配的国家软实力。目前，我们的任务就是不断用中国思想、中国理论、中国价值观回应国际社会的"中国之问"、传播中国学界的"世界之声"的过程。中国人文社科学者要求"创立中国学派""提高在国际学术界的话语权"的呼声日趋高涨。中国经验、中国智慧必须上升为中国理论(陈先红，2022)。

综上所述，新文科建设的根本目标是坚持以习近平新时代中国特色社会主义思想为指导，构建中国特色、中国风格、中国气派的哲学社会科学体系，提升中国文化软实力。每一种文化系统的内核都是价值观念，文化竞争的实质是价值观念先进性的较量，能否创造出令世界瞩目的中国价值，能否提出被世界公民高度认可的中国主张，是新文科建设的历史性重任(龙宝新，2021)。

2. 局势要求"贡献中国智慧和方案"

在构建中国话语的同时，参与全球治理、服务全球、贡献中国智慧也是我国政府永恒的追求。我们知道，中国式现代化是具有世界意义的人类文明新形态，其逻辑理路是立己达人、美美与共，不仅面向中国，更具有全球视野和世界关怀。随着中国日益走近世界舞台的中央，从中国奇迹、中国智慧到中国方案，全球治理格局中的中国因素日益凸显，需要中国在国际经济政治文化等各个领域发挥更大作用，更需要中国提升文化的创造力和引领力。这就是近几年屡屡提及的"人类命运共同体"概念。以习近平同志为核心的党中央提出的构建"人类命运共同体"理念已成为中国外交的核心理念和行动方针。并且在2017年，"构建人类命运共同体"理念被写入联合国决议中。当世界各民族都以建设者的姿态参与构建人类哲学社会科学的知识体系，并对关乎人类命运的重大课题提出包含本土智慧的解决方案，属于全人类的哲学社会科学才有机会交融贯通、生长勃发(刘坤、李龙，2022)。

在教育领域，2020年发布的《教育部等八部门关于加快和扩大新时代教育对外开放的意见》也提出了向国际社会贡献教育治理中国方案的主张。中国的高等教育已是"世界舞台、全球格局、国际坐标"(吴岩，

2019），因此新文科建设必须坚持"面向世界、参与世界、影响世界，做出全球贡献"的理念，这无不展示出中国对全球贡献的高度责任感。新文科建设的最终使命为"积极参与并促进全球化时代的学术对话，推动世界学术的发展"，增强世界文化中的中国贡献力。因此，在构建本土原创理论的基础上为世界做出贡献成为新文科建设的第二大要义。

需要注意的是，中国话语追求应切忌由于矫枉过正而陷入狭隘民族主义的泥潭之中，这显然违背了构建人类命运共同体的理想。作为一种"价值哲学"（李爱敏，2016），人类命运共同体理想要求成员超越器物、利益及经济层面的追求，重新将人类价值、情感及伦理身份差异性等被悬置的议题置于聚光灯下加以磋商，在经济共同体的基础上进一步形成更高层次的精神共同体。中国话语的追寻，显然必须要与人类性和价值性追求相协调。我们在谋求本国话语发展的同时要促进各国本土话语共同发展，在充分确认本国话语主体性的同时，实现人类主体性的共同复兴。在坚持自身特色之际，中国话语理应成为一种能够缓和对抗、消解摩擦，推动全球治理、增进中国与世界的亲和性和协调性的全球通用话语（张晓红、林家钊，2023）。

以上两点可说是我国新文科概念的实质内涵与之"魂"，它们共同构成了此概念最深层次的精神气质，凝聚着一种核心价值观。而在器物层面上，则需要从以下两个方面进行理解和剖析。

3. 教育的发展催化交叉融合及相关手段的应用

一方面，从高等教育发展的自身规律看，新文科是对传统文科的矫枉与纠偏。我们知道，在 18 世纪高等教育基本上没有文理之分，后来随着科学的进步和教育的发展，开始出现人文、社科、理科和工科等分化。最终，高等教育趋向学科分化、专业分割、知识精细化。固然分科治学使得人类认知世界的能力有了极大的提升，有力地推动了社会的发展，但也导致学科视野狭窄，学科范式固化。不用说文理之间的交叉与融通，就连人文社科内部的学科之间、专业与专业之间也壁垒森严、泾渭分明，培养出来的人才知识面狭窄，无法应对当代科学技术发展愈来愈显著的综合化和整体化趋势（胡开宝，2020；窦硕华，2023）。人们开始重新审视学科分化带来的弊端，并逐渐意识到唯有通过不同学科之间的交叉融合，才能解决科学研究中的新问题，从而不断推动人类知识的创新和文明的进步。因此，寻求交叉，打破传统学科"老死不相往来"的局面，达到人才培养"知类通达"的境界，成为当代高等教育的追求。从某种意义上来说，新文科建设反映了文科自身发展遭遇困境后的革新精神（宁琦，2020）。

吴岩（2021a）指出，所谓新文科建设，其路径就是要融合创新，"要与其他学科交叉融合，要以相近的专业集群融合，通过这样的融合守正和创新，把新文科建设推向新的高度"。《新文科建设宣言》中也谈道："新科技和产业革命浪潮奔腾而至，社会问题日益综合化复杂化，应对新变化、解决复杂问题亟需跨学科专业的知识整合，推动融合发展是新文科建设的必然选择。"要进一步打破学科专业壁垒，推动文科专业之间深度融通、文科与理工农医交叉融合，融入现代信息技术赋能文科教育，实现自我的革故鼎新。

《面向2035高校哲学社会科学高质量发展行动计划》对推进学科交叉融合也做出了专门设计，提出了系列具体举措，强调要"推进哲学社会科学各学科之间、哲学社会科学与自然科学之间的交叉融合"。交叉融合既包括传统的人文学科内部（文、史、哲）的交叉融合，也包括与社会科学（经、管、法）的融合，还包括与自然科学（理、工、农、医）的交叉融合。文科教育的融合发展，可以进一步加强新文科建设的问题意识、问题导向，更有利于解决教育和研究中由于专业分工导致的知识生产与社会需求之间的脱节问题，更利于解决生活世界中的复杂问题，并从根本上推动哲学社会科学的创新（赵奎英，2021）。

当然，新文科提倡的不只是学科交叉融合，还要与科技融合，这就是最近不断提及的"技术赋能"。因为新文科的理论预设是"全球一体化"的世界即将面临第四次科技革命浪潮。近些年，通信技术、互联网、大数据、云计算、区块链、人工智能、基因工程、虚拟技术等新兴技术的快速发展，促使信息和实体领域交错融合，形成了数据驱动的新型经济模式，整个社会的智慧网络化正在引起生产方式、生活方式、思维方式以及治理方式的深刻革命。新科技革命和产业变革正在重塑人类的生产与生活方式，新技术的勃兴不但压缩了传统农业、制造业、服务业的就业人口，众多需要专业技术能力的工作岗位（如翻译、会计、驾驶等）正逐渐被自动化和智能化技术所取代，甚至一些高端智力工作领域（如写作、诊断等）也有被替代的可能。颠覆旧的产业格局的同时，新技术催生了物联网、云计算、机器视觉、新兴材料、3D打印、可穿戴设备等新的产业（刘坤、李龙，2022）。"科学技术从来没有像今天这样深刻影响着国家前途命运，从来没有像今天这样深刻影响着人民生活福祉"（习近平，2018）。教育融入新技术势在必行。

以中华文明探源工程为例，"运用生物学、分子生物学、化学、地学、物理学等前沿学科的最新技术分析我国古代遗存，使中华文明探源有了坚实的科技分析依据，拓展了我们对中国五千多年文明史的认知"（习近平，2022）。

目前国内各界有关"新文科"的讨论，在跨学科这一点上也已形成共识，并且认识到学科的交叉融合并非最终目的，而是为了"提高高校服务经济社会发展能力"，是为了更好解决现实世界中的问题（赵奎英，2021）。需要注意的是，现今我们提及的交叉融合，和以往提及的"复合"不是一个层面上的含义。所谓"交叉融合"，是一种深层次的复合，是深度融合，是能够产生化学反应的融合，是要做到彻底解决"复而不合""两张皮"问题的融合。

当然，仅认识到这一点还是不够的。真正的融合应当是文科发展为其他学科提供方向、思想、标准和价值判断，而其他学科发展为文科提供新命题、新方法、新技术和新手段。科学的重要驱动力之一是对于共性、规律、观念和概念的不懈追求，它超越了具体问题或学科的狭隘范畴（龙宝新，2021）。

4. 机制构造改革助推新思想的产生

所以，新文科并不是在原有的文科中添加一些新兴技术，而是必须塑造一套新的价值观，并且推动实质性学科交叉、真正进行跨界协同的复合型研究，进而创设新的学术领域。因此，新一轮科技革命和产业变革的发生天然拓展了人类实践活动的边界，也将催发新的生产关系、新的问题领域。法律、经济、政治、社会等社会科学研究也将伴随着学科领域的交叉融合、不断深入而延展自身的研究边界。在这个意义上也可以认为，新文科的基本特征是问题导向：为了解决问题而进行多学科、跨学科的密切合作以及对未来进行创造性构想，进而形成新的思想和自主的知识体系。因此，从方法论的角度来看，新文科强调的不再是功能分化，而是机制整合以及不同因素之间的串联和互动关系。因此，新文科势必会呈现出那种所谓卓越集群的形态，来自不同学院和学科的研究者为攻克重大问题而在一个多元框架下聚集、组合在一起，进行打破既有樊篱的尝试和协作（季卫东，2020）。

学科交叉与融合既是新知识、新思想产生的前提，也是新知识、新思想产生的目的。而相对文科教育而言，新思想创造的重要性优于新知识的获得。知识具有普遍性，思想则是一种独创性。很多学校在对新文科理念的理解和实际操作中专注新知识、新技术、新方法的融入，而在原有学科专业和新专业建设中普遍忽视人文精神的培养。新文科建设的核心理念在于更新学科观念，特别是要确立以"全人类共同价值"理念为引领的世界性人才，国家意识、人文情怀和人类意识一个都不能缺少。跨学科、新学科追求的不只是知识增量，而且是创新学术思想和弘扬人文精神。新文科首在思想之新，通过学科融合形成新的思想，通过新的思想培育新的人才。关键是思想的创新，没有新的思想，就没有真正的新文科（张福贵，2023）。

在此需要回答一下前文提出的问题。希拉姆学院的"新文科"更加侧重学科交叉，尤其是新技术在文科当中的运用。也就是说，美国的"新文科"是对文科式微的自救，是"头痛医头脚痛医脚"式的局部治疗。而我国的"新文科"是一项国家战略工程，是"自上而下型"的国家主张，是国家意志的体现。中国"新文科"立足于整个高等教育的改革与发展，既重视学科交叉、专业升级，也强调本土理论产出，是高等教育发展大局的自我革新；看重文科自身的价值，走向世界舞台中央等。

综上所述，新文科建设的出发点是我国高等教育改革与内涵式发展的现实需求，也是构建中国特色哲学社会科学话语体系的应然之举。因此，新文科的本质与内涵可以概括为：立足中国实践，打破学科专业壁垒，促进学科专业深度交叉融合，依托科技赋能，创新学术思想，弘扬人文精神，全面构建中国特色哲学社会科学体系，向全球贡献中国智慧。它表现出问题意识、技术性、中国性、世界性，而其内向特征则是服务于受教育者的精神追求和个性成长的需求。

第三章

新文科视阈下的大外语观及学科建设内涵

本章主要探讨新文科与大外语、大外语与外语专业的关系，并根据历史发展过程中外语学科存在的问题、新时期国家对外语专业人才的需求、目前外语学科的内部分类等，分析新文科背景下外语学科的内涵所在。

第一节

新文科与大外语

一般而言,学科可以分成三大类:自然科学、社会科学和人文科学。三类分别以"物""事""人"为研究对象,追求物理要"对"、事理要"明"、人理要"通"(徐飞、辛格,2022)。

而人文科学和社会科学一般统称为"人文社会科学"(又称"哲学社会科学"),简称为"文科"。根据《普通高等学校本科专业目录(2023年)》的分类,除了理学、工学、农学和医学外,文学、历史学、哲学、艺术学、经济学、管理学、法学、教育学八大学科门类都可纳入"文科"范畴。其中文、史、哲、艺属人文科学;经、管、法、教育属社会科学。文科的作用可以调节人际关系,亦可教化人心、净化灵魂。张中载(2003)曾指出,人文学科关系到一个社会的价值导向和人文导向,关系到一个民族的形象和精神的塑造。Guthrie & Callahan(2016)认为文科教育恰恰是提升个体处理事务复杂性、多样性以及多变性综合能力的教育手段,也是21世纪人才领导力所需要的"批判性思维能力""交际能力""跨文化理解能力""道德素养""公民参与"等能力培养的手段。人文学科研究人内在的精神世界以及各种人类社会现象及其发展规律研究,是集中体现人文价值和人文精神的知识体系和学术体系。文科教育关系到一个人的人格修养、审美情操、社会责任感等,关系到社会主义接班人的人生观、世界观、价值观的养成(吴岩,2019)。

外国语言文学学科从自身特点来看,它是以语言为基础而拓展的学科,其自身具有人文性及跨语际的属性特点,自然属人文社会科学。从学科门类看,它隶属于文学门类,当属文科。作为人文学科的分支,外语学科其学科内涵和性质应符合人文学科的内涵和性质,即有其特定的知识体系和学术体系(查明建,2022)。

2019年，吴岩在"第四届全国高等学校外语教育改革与发展高端论坛"上用"新使命、大格局、新文科、大外语"十二字为外语的使命、地位、作用进行了定位，表明"大外语"在新时代的外语教育体系中站位更高，在新文科建设中应承担更大的责任。

吴岩继而在2021年指出，在新文科建设中，高等外语教育不能缺位，必须要超前识变、积极应变、主动求变，要有大格局、大胸怀，把全球发展收在眼底，把中国发展刻在心里，把高等教育发展担在肩上，把外语教育创新发展扎扎实实地落在脚下，努力培养经济社会需求人才、行业发展领军人才、国家战略未来人才。

在新文科建设中，强调高等外语教育的重要性，也就意味着要承担更加重要的社会责任。习近平总书记提出"要大力培养掌握党和国家方针政策、具有全球视野、通晓国际规则、熟练运用外语、精通中外谈判和沟通的国际化人才，有针对性地培养'一带一路'等对外急需的懂外语的各类专业技术和管理人才"。这一提议将中国高等外语教育提高到关系中国同世界各国交流互鉴、中国参与全球治理体系改革建设的高度。总书记在不同的场合不断提及外语的重要性。以外语院校为例，2021年9月26日北京外国语大学建校80周年之际，习近平总书记给北外老教授回信中强调："深化中外交流，增进各国人民友谊，推动构建人类命运共同体，讲好中国故事，需要大批外语人才，外语院校大有可为。"外语院校和普通高校的外国语学院之重要性由此可见一斑。

吴岩（2019）在分析高等外语教育的重要性时指出，高等外语教育是高等教育的重要组成部分，覆盖全、规模大、责任重。"覆盖全"指的是基本上没有一所高校能够排除外语教学，开设外语类本科专业的高校占全国本科高校数量的82.4%。"规模大"有两层意思：一是目前外国语言文学类专业下设100个本科专业，占本科专业总数的近16%，语种已基本覆盖所有建交国家的官方语言语种；二是外国语言文学类专业设有3 000多个专业点。所以，外语教育不是小众的事，甚至不仅仅是大众的事，而是普及化的事。"责任重"指的是高等外语教育是国家对外开放的"桥梁"和"纽带"。高等外语教育关系到高等教育人才的培养质量，关系到中国同世界各国的交流互鉴，更关系到中国参与全球治理体系的改革建设。外语教学，包括外语专业和公共外语教学改革，要主动服务国家战略发展，用具体举措来推动落实。高等外语教育要全面融入高等教育强国建设。高校要建设新文科，做强大外语，培养"一精多会""一专多能"的国际化复合型人才。要深化公共外语教学改革，要做强一流外语专业。

根据吴岩讲话中提出的"新文科，大外语"，我们认为"大外语"的本质特征主要有四个方面。第一，为国家培育英才。即要大力培育具有全球视野、通晓国际规则、熟练运用外语、精通中外谈判和沟通技巧的国际化人才，要有针对性地培养"一带一路"等建设急需的懂外语的各类专业技术和管理人才等。在这里，对于外语人才的规格与目标提得如此之具体，要求如此之高，在此前也较为少见。

第二，外语是中国同世界各国交流互鉴的"桥梁"与"纽带"。因为要建设社会主义文化强国，增强文化软实力，提高国际话语权，提出能够体现中国立场、中国智慧、中国价值的理念、主张和方案，特别是要让中华文化走出去，外语教育要在其中发挥重要作用（吴岩，2019）。外语人需要掌握和研究融通中外的新概念和新范畴，将国外先进思想与理念引进来的同时，做好中国特色话语体系的国际表达和传播，促进中华优秀传统文化走出去。但在目前，国际上还存在较多霸权主义以及对我们不利的不公平现象。2021年5月31日，习近平总书记在关于"国际传播能力"讲话中指出，我们亟待解决"中国声量"与国家发展的"中国体量"不相适应的问题、"有理说不出，说了传不开"的局面、信息流进流出的"逆差"、中国真实形象与西方主观印象的"反差"、软实力和硬实力的"落差"等问题。因此，外语承担着对国外话语纠偏与对外宣传的重任。通过讲好中国故事，传播好中国声音，改变"西强我弱"的国际舆论格局。中国外语肩负重任，这便是为何称作"大外语"的原因之一。外语人需要掌握和研究融通中外的新概念和新范畴，将国外先进思想与理念引进来的同时，做好中国特色话语体系的国际表达和传播，促进中华优秀传统文化走出去，改变"西学东渐"单项交流局面，形成"中学西传"为互补的二元交流模式（窦硕华，2023）。目前的任务既需要翻译世界，但更需要翻译中国。在过去对外语教育的认知中，这一点同样少见。

第三，外语人才也要积极参与到全球治理体系之中。这与我国国际地位提升有重大关系。然而我们参与全球治理却面临人才难选的问题：以国际组织人才为例，国际通用语（尤其是英语）水平高的人不懂业务，业务水平好的人国际通用语(尤其是英语)能力差,从而形成语言素养和业务素养之间的脱节(张治国,2021)。如何将外语和法律、传播、国际关系乃至科技、环境、航空、海事等相结合成为新时代的重要命题。可以说,这对外语学科建设带来了挑战,同时也带来了更多的机遇。这就是新时代中国外语教育的"新使命",也是"大格局"。

第四,当然我们也可以看到,"大外语"之"大"是将外语与一些相关相近的学科及研究方法按照特定的设计及需要进行合理整合、交叉、跨越。"对于新的文科专业,将积极支持,加强外语与其他学科专业的交叉融合。对于文科的新要求,则需要加强现有的外语专业内涵建设"(吴岩,2019)。"大外语"启示我们要借助科学技术进行自我赋能,不要被人工智能、自然语言处理技术的发展吓倒并将自己与新技术隔离开来,而是要直面挑战与机遇。既要讲好外语,又能掌握技术,从而实现学科交叉与融合,也是"百年未有之大变局"对外语人提出的具体要求(殷健等,2022)。因此,新文科的发展离不开外语学科的助力,"大外语"是"新文科"思想落实到外语学科的实践导向;而"大外语"想做大做强,也需要新文科政策的指引与各学科的大力支持。

由上述"大外语"的表面特征与内在本质,我们已经初步认识到,"大外语"的观念早已脱离了原来我们所理解的、相对狭隘的"外语"教育所能够承担的历史责任,在"新时代"这一新的历史时期,"大外语"将承担其新的历史使命与重要职责。

第二节

大外语与外语专业

上文主要谈及了大外语,那么外语专业是否等同于大外语?答案是否定的。

我们知道,高等教育中的外语教育含外语专业教育和公共外语教育,因此,外语教育不等同于外语专业教育。然而,两者常常被混淆使用,特别是在人们讨论外语专业教育时,更是常常与外语教育混为一谈。

外语专业教育就是培养外语人才的专门教育。从其历程上看,早期的外语专业教育基本上是以外语语言文学方向为主,20世纪90年代起复合型外语人才培养的探索逐渐多起来,21世纪起复合型外语人才培养进入了盛行期。这里有必要对复合型再进行一下解释。比如政法大学外国语学院复合型人才到底是外语人才还是政法人才?答案很简单,培养目标应该是懂法律的语言人才,而不是会讲外语的律师或法官。两者的区别很明显,懂法律的语言人才提供的是语言服务,而会讲外语的律师或法官提供的是法律服务。这里的主次明显,根据这样的主次关系解决外语/翻译与相关学科/专业的融合度是基本原则(刘和平、韩林涛,2022)。

因此,外语专业教育和公共外语教育在培养对象、使命目标、教学方案与发展路径上大相径庭,不能混为一谈。外语专业最明显的特点是:(1)外语听说读写译技能的训练,这是外语专业学生的基本功;如果外语基本功不过关,就不是合格的外语人才。(2)知识的传授,就是要求学生学习与所学的外语有关的知识和其他相关知识。语言类专业学生应掌握外国语言知识、外国文学知识、区域与国别知识,熟悉中国语言文化知识,了解相关专业知识以及人文社会科学与自然科学基础知识,形成跨学科知识结构,体现专业特色。(3)能力的培养。外语类专业学生除了应具备外语运用能力外,还要具备文学赏析能力、跨文化交流能力、思辨能力,以及一定的研究能力、创新能力、信息技术应用能力、自主学习能力和实践能力。

当然，这并不是外语专业的全部。关于外语专业的特性，查明建(2018)提出，外语是技能，但外语专业不是技能，外语专业不只是学外语的专业，不是所谓的工具性专业；外语专业有两个基本的属性，即专业性和人文性。所谓"专业性"，就是要有特定的专业课程学习，即以语言、文学、文化为核心的人文课程体系；所谓"人文性"，就是以人的培养和人文教育为核心。将专业能力培养与立德树人、价值塑造融为一体，才是国家需要的新型外语人才的培养方向。

而公共外语教育伴随着中国近代高等教育体制而产生，在其历史发展过程中一直占有非常重要的地位。当然，外语专业教育和公共外语教育也不是非此即彼的关系，因为无论专业外语也好，还是公共外语也罢，教学任务都是由专业外语人才来完成的。因此，专业外语与公共外语在很大程度上密不可分，在组织形式上专业外语与公共外语始终有分有合。同时，外语教育的任务是培养外语人才。新时代的外语教育与所有学科专业的相同点都是围绕着"培养什么人、怎样培养人、为谁培养人"这一教育根本问题和"立德树人"这一根本任务进行的；价值引领、家国情怀是前提，是所有学科都要自始至终坚持的(黄国文，2022)。外语专业教育和公共外语教育既有共性，也有各自的特性。

再来看一下吴岩对新文科的解读。吴岩(2019)特别强调："高校要建设新文科，做强大外语，要培养'一精多会''一专多能'的国际化复合型人才"，"要培养一流外语人才，确切地说，应该是培养懂外语的一流人才"。这句话经常被人引用，当然也有其丰富的内涵。对这句话，有学者解读为：所谓的"'一精多会''一专多能'的国际化复合型人才"，主要是指那些非外语专业的人才，他们被统称为懂外语的人才，这里所说的"大外语"主要还是公共外语教学，也就是说要通过公共外语教学培养出精通一门外语、会多门外语、掌握一种专业、具有多种外语能力的复合型人才(郭英剑，2021)。这里的"大外语"到底是指专业外语还是公共外语，吴岩并未明言。换个角度来思考这一问题，在"大外语"时代，"外语专业"能否培养出"'一精多会''一专多能'的国际化复合型人才"呢？当然可以。一些学者已经给出答案，比如开设跨院系、跨学科乃至交叉学科的新专业，开启"英语＋新闻""英语＋历史""英语＋法律"等新型复合型人才培养的新模式(宁琦，2021)。

结合第一节的分析我们可以得出这样的结论："大外语"是"新文科"的子系统，而"外语专业"又是"大外语"的子系统。

第三节

外语学科的建设内涵

2013年，国务院学位委员会第六届外语学科评议组根据外语学科发展要求和国家对外语学科专业人才的需求，确立了外语学科的五大学科方向，即外国语言学、外国文学、翻译学、比较文学与跨文化研究、国别和区域研究（现名为"国别与区域研究"）（国务院学位委员会第六届学科评议组，2013）。外语学科五大学科方向的确立是中国高等外语教育史上第一次明确界定外语学科的研究对象，并厘清了学科与专业的关系。五大学科方向既是外语学科核心研究领域，也是外语学科专业人才的培养方向。同时，其中的翻译学、比较文学与跨文化研究、国别与区域研究均为国家急需发展的专业方向。外语学科将先前独立发展、各自为政的二级学科专业统领起来，如果说外语学科增加比较文学与跨文化研究是对外语学科内涵的丰富和深化，那么增加国别与区域研究，则体现了外语学科的国家意识和时代意识（查明建，2023a）。今后外语学科将不再为外语语种或二级学科所限，而是鼓励实现跨学科、跨语种、跨国别、跨领域的研究和人才培养。

弄清了外语学科的内部分类，那么新文科背景下外语学科的内涵是什么？有人说是培养高素质外语人才，有人说能"翻译中国"、讲好中国故事，也有人说是为国家推进"一带一路"建设提供助力等；这些说法无疑都是正确的，也是符合现实的。但从新文科建设的既定目标和内涵看，这些又都不全面，它们缺少了受教育者的内在追求，没有真正关心"人"的成长和发展；同时，这些又都是割裂的，缺乏内在逻辑关系，无法归为体系，似乎还没有抓住新"外语学科"的根本任务或本质所在。

吴岩（2019）和郭英剑（2020）均认为外语学科要树立大外语观，充分体现其人文性特征，并以此开展内涵式发展，构建新的学科形态。大外语观应从知识、文化、能力、技术、认识、责任等多个维度综合考量外语学科发展，要具有战略性和前瞻性。通过学科交叉、大学科和跨学科等建构方式，体现外语学科的学科内涵及育人价值。外语学科等语言类学科群的核心素养具有同构性特点，主要表现为知识性、工具性和人文性的统一。工具性和人文性是外语学科价值和育人价值的根本体现（安丰存、王铭玉，2024）。

安丰存和李柏年（2021）认为外语学科核心素养应包含"文化基础"、"自主发展"和"社会参与"三个维度。"文化基础"是指具备外语语言能力及文化能力；"自主发展"是指培养良好的学习能力和思维习惯；"社会参与"是指具有全球视野及社会担当意识。参照上述专家的分析，我们将外语学科的内涵细分为五个方面：语言能力培养、审美情操培养、价值塑造、国家战略的助力以及本土外语教育理论的形成。

首先，毋庸置疑，语言能力培养是外语学科的根本任务之一。其次，无论教育的本真追求还是国家政策文件（比如《高等学校外语类专业本科教学质量国家标准》）的要求，都将审美情操培养、价值塑造放在重要位置。再次，既然学科方向上增加了国家急需的"国别与区域研究"，体现了外语学科的国家意识和时代意识，那么，外语学科发展就应当服务于国家战略。外语学科的首要任务是要培养学生的外国语言文化基础知识和语言综合能力，在此不再赘述。接下来分析语言能力之外的其他内涵。

1. 审美情操培养

审美情操体现在思想品质、人格塑造、人文精神、人文情怀和审美能力等方面的养成。人文学科是人类知识体系的重要组成部分，与数理逻辑思维不同，除了培养学生学科知识和专业技能外，还应发挥学生在心智、情感态度、思维品质、人文素养等方面的塑造功能。而外语学科在促进人的心智发展、塑造健全人格、开拓眼界视野、建立良好品格以及培养思维能力等方面具有积极的建构作用，并可助其形成与社会相适应的人生观、世界观和价值观，实现人才的自我价值。因此，在新文科建设和"核心素养"发展教育改革理念下，外语学科要跳出工具性认识的羁绊，挖掘其人文性属性，培养学生良好的审美情操，发挥外语学科的育人功能（安丰存、王铭玉，2024）。这也是我们常说的"立德树人"的要求之一。

2. 家国情怀价值塑造

外语学科建设中要更加注重价值塑造。如在人才培养过程中树立学生的文化意识，提升学生的跨文化交际能力，使学生能够增强对不同文化的理解和包容能力，拓展其国际视野。更需要从传统狭隘的、近视的区域性和民族性视角转变为开放的、前瞻的全球性和国际性视角（安丰存、李柏年，2021）。同时要进一步教育学生发现中国文化的魅力，感悟传统美德，在潜移默化中形成民族文化、民族思想、民族素养的积淀，增进中国文化立场和归属感，培养中国文化自信力。以中外文化比较为视角，培养学生的家国情怀以及国家意识，养成"中华灵魂、世界胸怀"，树立社会责任，而非仅仅是外语流利的"空心外语人"。民族自豪感价值培养是外语学科建设的一个重要任务。我们要破除以往人们对于外语学科工具性的定位和认识，发挥其文科的育人价值。这也是"立德树人"的要求之一。

3. 为国家战略提供助力

新时期，外语学科又被赋予了新的内涵，即助力国家对外战略。因为外语学科要置身国内国际双循环之中，既要睁眼看世界，更要在斗争中求发展，牢固树立从"数量追赶"转向"质量追赶"的发展理念，注重质量和效益稳步双提升。因此，需要紧密围绕国家战略需求，努力为构建人类命运共同体理念、"一带一路"倡议、中华文化"走出去"战略等的实施输送高水平复合型外语人才；要深入开展中国立场的国别与区域研究，创建"外语＋"特色智库，为资政咨商提供智力支持；要强化学术创新，讲好中国故事，传播好中国声音，引领国际传播理论与实践的探索，在国际上塑造可信可爱可敬的中国形象（蒋洪新、彭天笑，2022）。新形势下的外语教学要遵循新文科建设的目标和路径，积极发展"新外语"，"以适应中国外语教育从了解外国到传播中国的功能转变"（何宁、王守仁，2021a，2021b），以及从"翻译世界"到"翻译中国"的转变。因此，新外语要在"人类命运共同体"理念的指导下，助力国际合作、助力全球治理、服务全球。这也是新文科要义之"世界贡献"在外语教育领域的具体体现。

4. 中国原创理论的形成

长期以来,我们过度依赖西方学术体系,在外语教育、语言学、文学、翻译等领域过度倚重甚至迷信西方理论与方法,照搬或模仿国外理论,缺乏自我构建理论和自我实践的勇气。经过一段时间的"大引进"后,外语学科的导向性、中西文化的异质性、文化理论创新的稀缺性等问题随之浮出历史地表,外来文化物种对本土文化的蚕食、外来文化进程中中国化的缺失以及理论失语等争议,常常把外语教育与研究推到舆论的"风口浪尖"。过度依赖外来理论,一定程度上导致了本土理论的缺失,阻碍了外语学科的可持续发展(张晓红、林家钊,2023)。因此,中国的外语学科建设要回到中国实践本身,建构本土理论。

当然,事实上我们并非没有原创的理论。如:北京外国语大学的文秋芳教授于2015年构建了"产出导向法",独创了"学习中心说""学用一体说""全人教育说"等教学理念,这是基于我国的国情、教情和学情而凝练的原创性的理论与实践体系;广东外语外贸大学的王初明教授借鉴二语习得理论并对中国人学习外语以及外国人学习汉语的语言习得机制进行深入观察、研究,于2016年创建了外语学习"续"理论;以及许渊冲的翻译思想、胡庚申的生态翻译学理论等,这在国内舞台已经产生积极影响。尽管如此,由于我们长期以来缺乏理论自信和理论自觉,无法让本土理论发扬光大。因此,我们应从中国的实践与经验出发,在语言学、文学、翻译学、文化学以及外语教育等领域力求产出原创性的学术成果,建立自己的学派和流派,形成基于自身特点的独特范式,提出新观点,寻求新方法,构建新理论。同时要有文化自信,使用我们自己的理论解决中国外语教育的实际问题,将本土理论发扬光大。这也是新文科要义之"中国实践"在外语教育与研究领域的具体体现(窦硕华,2023)。中国的外语教育理论、翻译理论等要放眼世界,向世界贡献中国外语智慧,在世界学术舞台上担当大任。

综上所述,新时代外语学科的内涵是在服务于新时期人的内在需求的前提下,围绕"国家意识",聚焦国家战略,积极主动地参与世界知识体系和思想体系的构建，加强中外文明互学互鉴，在参与全球治理和构建人类命运共同体等议题上贡献力量。这就是新时代中国外语教育的"新使命""大格局"，更是新文科建设在具体学科的体现。

第四章

一流外语学科建设存在的问题

本章主要分析一流外院学科建设过程中存在的问题，并找出产生这些问题的内因和外因，以正视问题，便于对症下药，真正意义上践行"守正创新"的理念，从而更有利于促进外语学科建设向纵深发展。

第四章 一流外语学科建设存在的问题

第一节

外语学界的问题自觉

改革开放以来，我国的外语人才培养体系为国家培养了大批不同类型、不同层次的高素质外语人才。他们在政治、经济、文化、教育、外交、外贸、科技等各个领域发挥了重要作用，成功地将世界介绍给了中国，从而为中国的现代化发展提供了参考模式。同时在加入世界贸易组织、举办奥运会和世博会等重大事件中承担了外语人的使命，在对外交流领域提供了有力的支持和服务。近些年来又担负起对外交流的文化使者职责，助力"一带一路"和中国文化"走出去"战略等。外语学科直接服务于国家建设的伟大事业，为对外交流和经济、社会发展做出了巨大贡献。可以说，没有全国高校外语类专业培养的浩浩荡荡的外语人才，中国就不可能顺利打开对外开放的大门，也不可能在竞争激烈的全球化时代迅速崛起，并大踏步走近世界舞台的中央(孙有中，2019)。

不可避免，传统外语专业教育在不断发展的背后也积累了诸多问题，同时随着经济形势和教育环境的变化，传统的学科建设已无法满足新时期国家和社会对外语人才的需求。因此，需要发现外语学科建设中存在的问题，解决已有的矛盾，以适应新需求，迎接新机遇和新挑战。

我们先来看看外部环境和形式对教育与人才的需求。第一，进入21世纪以来，随着中国经济的快速发展，外语人才需求大增，外语专业数或语种数急剧增加，迅速达到了供过于求的局面，市场过度饱和。第二，随着经济环境的改变，社会对外语人才有了更加多元化的需求。只懂外语而不懂相关专业，已经无法满足社会的需求。为此，很多高校开始开展"外语+"的复合人才培养模式。然而，有些企业调查发现，即便拥有四八级外语专业证书，却鲜有胜任软件、工程、法律等领域工作的，相关领域的专业知识学艺不精，不能在这些领域里显示出任何竞争优势，"小才拥挤，大才难觅"。即仅有听说读写语言技能的外语人才（"小才"）遍地，而具有"外语＋专业"的高端复合型人才（"大才"）稀有。第三，公共外语教学的大力发展对外语专业教育造成了较大冲击。对外开放带来的连锁效应，不少人从小学起就补习外语，他们到高中阶段听说能力已经比较出色，大学阶段再经过大学公共外语教育，外语能力相当出色，再加上其专业知识，自然超过了"外语＋"模式所培养出来的人才水平。第四，外语水平较高的海归人士越来越多。20世纪90年代开始"出国热"，到21世纪第一个十年，随着中国经济的腾飞，归国留学生人数逐年递增，他们拥有卓越的外语水平，这势必会对外语专业的发展带来一定冲击。第五，随着人工智能的发展，机器翻译可以代替外语人士从事越来越多的工作，无疑加重了人们的"外语专业焦虑"，这导致近几年招生形势更加严峻，再加上早已出现的就业遇冷之形势，使得不少高校开始对外国语言文学类专业进行调整，或压缩招生规模或干脆取消。在诸多因素的影响下，外语学科的影响力严重下降，并在其发展历史上遭遇了一次危机。针对这样的状况与问题，学者们进行了深入诊断与反省，并提出了对业内的警示。

近几年，学者们将问题的焦点对准了外语办学"千校一面"的问题。如：鉴于不同类型高校的外语学科各有传统与特色，有必要分类建设，以避免"千校一面"的状况（李维屏、王雪梅，2019）；相当长一段时期内，高校"千校一面"情况突出，给文科带来的直接后果表现在专业设置相似相仿、学科特色淡化缺乏、学术研究前瞻弱化、课程体系无视需求、问题意识少有观照（王铭玉，2020）；英语专业几乎成为低门槛、低要求的代名词，一哄而上的结果是英语专业出现"千校一面"的现象（庄智象、陈刚，2017）；孙有中（2019）指出，这些问题在整个外语类专业中具有一定普遍性。

"千校一面"顾名思义就是千篇一律，无特色，雷同化，用另一词汇来表达就是"同质化"。对同质化的业内批评一样不绝于耳，如钟美荪和孙有中（2014）、常俊跃（2015）、庄智象和陈刚（2017）、文旭和司卫国（2018）、孙有中（2019）等。而对英语以外的小语种也一样存有这样的担心，如郑书九等（2011）、周媛（2014）、丁超（2017）等。从业内自省可以看出问题之严重性。

学者的诊断不仅于此，另外还有人才培养模式单一、人才培养能力不足、学科属性模糊、复合型人才培养"两张皮""工具论"等,在此简要概述如下。

蒋洪新(2019)、孙有中(2019)分析了外语人才培养模式单一的问题。教学片面强调语言技能训练,采用以语言为中心的教学法(language-centered methods),课程设置结构单一,人才培养的专业基础不厚,运用外语解决实际问题的能力培养相对欠缺;培养目标整齐划一,课程设置和培养模式趋同。

孙有中(2019)除了分析了专业同质化问题外,还总结了英语专业人才培养存在英语类专业迅猛扩张和培养能力不足等突出问题。他指出英语专业既有"产品不合格"问题,也有"产能过剩"问题;课程设置与培养模式趋同,应用型专业和学术型专业同质化问题突出;重学科建设轻专业发展、科研能力较弱等;很多翻译专业和商务英语专业有名不副实之嫌,与英语专业的区别并不明显。外语类专业的培养能力不足还突出表现为毕业生"小才拥挤、大才难觅"的现象。他认为,改革开放以来,外语类专业满足了国家对外开放较低层次的外语人才需求。但是,随着中外政治经济交往和文化交流的不断深化,国家急需大批不仅具有扎实的外语基本功,而且真正理解对象国政治经济现状和历史文化传统,具有良好人文素养、思辨能力、跨文化能力和研究能力的国际化、高层次应用型和研究型外语类专业人才,而外语类专业却难以充分满足这样的"大才"需求。

文旭和司卫国(2018)认为复合型外语人才培养面临外语专业性质弱化、学科属性趋于模糊、教育理念和教学方式相对落后、课程设置不合理等问题,以及提高教学质量、培养学生思辨能力和创新能力、加强师资队建设等挑战。

查明建(2018)认为英语专业的问题在于学科观念模糊、专业意识淡漠、偏离专业本位,混淆了英语与英语专业、英语学习与英语专业学习,致使专业受到严重误解,专业学习中充斥着工具化和功利化观念。英语专业的问题在整个外语类专业中具有一定普遍性。

严明(2023)在分析新时代普通高校外语类一流本科专业建设的问题时提出外语建设面临着现实的八大危机与挑战:专业教育同质化;人才培养口径过窄,课程资源与结构不够平衡;跨学科理解与系统思维培养不充分;师生的数字与信息化素养有待提高;产教融合协同育人成效不明显;学生解决实际问题能力相对较弱；对学习评价的作用重视不够；就业能力与专业可持续发展后劲不足。严明已经从思维能力、信息化素养、解决问题能力到可持续发展等多个维度进行了分析，应该说是比较全面的视角。

前一段时间甚至出现了关于英语专业是否是"对得起良心的专业"的激烈争论（蔡基刚，2018a；曲卫国，2018；孙毅，2018；何三宁、张道振、李翠英，2018），这在社会上也引起了极大反响。不管哪一种观点，我们不该回避的是，现实的警钟和业内自省正说明了问题之严重性。也正是这些基于不同视角的思考和批评，推动着我国外语教育一轮又一轮的改革和发展。

当然，长期以来还有关于外语教育的学科属性，即人文性与工具性问题的激烈讨论。张绍杰（2010）提出，外语教学要淡化工具性、强化人文性。蒋洪新（2019）同样认为外语教育是人文教育，提倡回归人文教育的学科本位。更有学者向复合型人才培养发难。如文旭和司卫国（2018）指出，复合型人才培养加重了高等教育的职业化倾向和功利主义倾向，导致外语学科人文属性降低，学科意识逐渐淡化，致使外语专业流于为其他专业服务的"工具"。复合型外语人才培养面临着一些问题和挑战，一定程度上已经不能适应新形势下国家、社会和个人发展的需求。韩宝成（2018）也认为，复合型人才培养看重外语工具属性，尤其是交际属性，没有充分认识到，甚至有时回避外语课程的人文性，反映了实用主义或功利主义教育观，忽视了外语专业人才的全人教育的使命。他们认为将复合型人才培养模式看作人才培养工具论，其功利性或实用性目的太强，最终变成了技能教育。查明建（2018）甚至认为其"混淆了外语与外语专业"，"从根本上否定了外语专业作为一门独立专业的地位和专业品质"。

蔡基刚（2017，2018b）分析指出，复合型人才培养模式强调专门人才和实用人才的培养，但并没有否定人文教育。外语教育的人文性和工具性是一个硬币的两面，无法分开。人文教育和人文学科并不是一回事：人文学科就是文史哲等，相对封闭。人文教育是可以在各个学科包括医学、物理和工程这些领域开展的。人文教育不是外语学科的专利，提高大学生的人文素质是高校所有专业的责任。工具性和人文性的提出本身就是一种伪命题。坚持英语教育的本质是人文教育的观点抹杀了英语专业的学科性和专业性，是培养不出"大才"的最大根源。

当然也有不少学者呼吁外语专业人才培养在回归"学科本位"的同时强化人文教育，在人文教育和技能培养中寻找平衡点（胡文仲、孙有中，2006；金利民，2010；胡文仲，2014）。沈骑（2018）则从教育学的视角进行了分析。他指出，现有人文性与工具性的争论，是混淆了教学的教育性与教育的教学性，两者并不具可比性。一方面，外语教学的人文性是毋庸置疑的，这是一个教育学问题。语言教学的人文性体现是具有整体意义的。另一方面，外语教学的工具性是一个教学论的问题，任何否定语言教学的工具性价值的提法，都是错误的。所以，从教育逻辑上看，外语教学的人文性与工具性是一般性与特殊性的关系（杨启亮，2008）。从两位学者依照教育逻辑角度的分析，似乎可以得出这样的结论：关于两者的争论已经没有必要再继续下去，按照需求探讨学科怎样发展才是未来要做的事。

综上所述，目前外语学科发展既受到一些外因影响，也受自身存在问题的困扰。同质化、学科属性趋于模糊、教育理念和教学方式相对落后、课程设置不合理等问题已成为业界达成共识的较为普遍的问题。下面将对这些问题及其成因进行详细分析。

第二节

外语学科建设之问题分析

1. 学科结构定位性矛盾

　　安丰存、王铭玉（2021）对国内113所"985""211"院校外语学科的相关数据进行了统计分析，发现外语学科结构性定位矛盾主要表现在语种设置、学科内涵及学科任务的深度与广度等方面。从各高校外语学科布局来看，英语语言文学、外国语言学及应用语言学、日语语言文学等学科分布较广，其次为俄、法、德、亚非等语言文学方向。因受经济效益引导，外语语种设置过度注重英语等"大语种"，轻视非通用语种（王志强、王寰、肖璐璐，2016），只有北京大学、北京外国语大学、上海外国语大学等高校开设了其他非通用语种，但也仅限于与我国建交国家的语言。虽然近年来各高校外语专业尽力扩大语种数量，但目前外语语种的分布结构仍然极度不均衡，如北京外国语大学已开设101种外语语种，基本开齐了175个与我国建交国家的官方用语专业（文秋芳，2019），而一些高校的外语类专业却只有英语，因此存在语种布局失衡的情况，严重阻碍了外语学科的全面发展。

　　从外语学科内涵建设及专业目标来看，绝大多数外语学科及专业培养目标定位在语言、文学和文化领域内。以英语为例，其主要专业方向为英语语言、翻译、商务英语及英语教育等，但很多翻译专业和商务英语专业有名不副实之嫌，与英语专业的区别并不明显；人工智能、法律、国际组织等方向刚刚崭露头角，还处于实验与摸索阶段。外语学科建设不能只局限于语言文学领域，还要与国家发展需求结合，将外语对象国家的历史、地理、社会、政治等学科领域结合起来，扩大外语学科内涵，明确学科和专业发展任务，培养"外国通"式的外语人才。这种人才培养，必须在外语人才培养体系中，通过融合不同学科课程体系，以达到人才培养内涵的创新发展。

总的来讲，我国外语学科还没有充分结合地域特点以及经济文化差异实施针对性的外语语种布局，如果不充分发挥地域之间的差异特征，就无法满足社会及个人发展的多样化需求。

2. 外语人才培养模式单一

各高校外语专业均依据外语教学大纲制定培养方案和课程安排，基本执行同一套方案以及相似的课程设置。培养目标整齐划一，课程设置和培养模式趋同。这种同质化不仅体现在英语专业，在其他语种专业也普遍存在。外语专业的人才培养基本停留在听说读写技能上，知识领域局限在语言、文化、文学范围内。进入21世纪以来，很多学校开始探索复合型外语人才的培养模式，但实际结果只是在外语专业中增加了几门课程，并未达到真正意义上跨学科及专业交叉的外语人才培养目的。专业复合和跨学科是一条创新之路，仅靠外语专业无法完成这项任务，无法真正实现复合型人才的培养目标(安丰存、王铭玉，2021)。

文旭和司卫国(2018)认为，目前我国各高校外语专业课程设置与复合型外语人才的培养目标不是很匹配。具体表现为：外语专业课程内容形式单一，以语言技能训练课程为主，缺少有利于拓展学生知识面和学科视野的课程；教学内容和教材知识结构单一，内容陈旧老化，导致培养出来的学生普遍存在视野狭窄、只对自己的学习领域略知一二的思维局限，远远达不到"通德通识、博雅精专"的要求。

同时，人才培养规格单一导致各领域需要的人才短缺，人才资源配置不合理。《国家中长期教育改革和发展规划纲要(2010—2020年)》明确提出要培养大批具有国际视野、通晓国际规则、能够参与国际事务和国际竞争的国际化人才及各种外语人才。国家需要的人才规格是多样的，既需要语言文学类人才，也需要为各行业、为地方经济服务的复合型或融合型人才；既需要研究型人才，也需要应用型人才；既需要高级设计师，也需要高级工匠(庄智象、陈刚，2017)。

3. 复合型人才培养"两张皮"问题

进入 21 世纪以来，很多学校开始探索复合型外语人才的培养模式。可以说设计者是有发展眼光的，这种尝试是值得称赞的。但如上所述，在实施过程往往中只是在外语专业中增加了几门相关课程，并未达到真正意义上的复合型外语人才的培养目的。以日语专业为例，任海丹（2013）分析 IT 日语人才培养时指出，迄今为止主要是以下两种模式：一种是"日语＋IT"专业。该专业人才培养依然是以日语语言为主，仅是在人才培养计划当中增加了一门或者是几门 IT 相关课程。招生面向依然是以文科学生为主，IT 课程的教学内容仅是停留在基本专有名词的日语翻译阶段。这样的专业从本质上来讲依然是日语专业，专业特色极不突出，与传统日语专业区别不大。从教学效果上来讲，学生对所学日语知识的理解仅停留在记忆阶段不能够与工作实际相结合，并不能达成复合型人才培养的基本目标。另外一种是"IT ＋ 日语"专业。虽然很多高校都设置了这一专业，但是对其内容的理解不够深入，在人才培养计划当中依然是简单的课程堆砌，没有一体化考虑学生的学习过程。尤其是很多院校的日语强化课程是在学生放弃英语的前提下进行的，这种情况下培养出来的毕业生形成了英语和日语"双失"的尴尬局面。这种类型的人才培养基本方向正确但是具体目标过度模糊，培养结果往往是学生 IT 专业课学习得不精，英语已经完全放弃，日语却还没有学会。因此，IT 日语专业课程设置、人才培养计划及培养目标的合理性值得商榷，IT 日语专业复合培养的效果更让人存疑。

不得不说，复合的专业课程难度较大，由于课时有限，学生很难掌握其精髓。很可能会导致学生外语专业知识没有学好，复合的其他专业课程知识也没有掌握好，导致培养出来的学生达不到预期效果。然而，为了追求复合型人才的培养效率，一些高校不惜压缩外语专业课时，由于"花费更多的时间学习其他专业知识，对外语专业的基本知识、基本技能掌握不足，学生外语实践能力较弱，远远达不到'精通'外语这一要求"（文旭、司卫国，2018）。可以说，"外语＋专业教育"的复合模式初衷是好的，但在实际操作中很多是"张冠李戴"式，最终成为"散装拼盘"，复而不合。

其原因之一，不得不考虑师资方面的问题。外语专业师资基本上是由语言文学专业教育背景的教师构成，精通其他专业的语言文学类教师不多，而精通其他专业的教师外语语言驾驭能力又不足，造成语言文学与相关专业融合的双师型人才匮乏。蒋洪新(2010)指出，相关专业老师外文不好，而外文好的老师往往对复合的那门专业仅知皮毛，故培养出来的复合型外语(外语＋计算机、法律、外贸、新闻)本科生比不上专门院系毕业生，而语言的基本功又没抓好，可谓抓了芝麻、丢了西瓜。陶芸(2013)分析指出，目前日语教师大多不能用日语讲授"经贸"或"科技"，而经贸、科技专业的教师又不能用日语讲授专业课，这种"两层皮"现象影响了高校日语专业人才的培养，扰乱了日语专业和学科的建设。而对于"双语型"模式，持批评意见的学者认为，由于这种模式将课堂教学精力几乎同等地放在了两种语言能力的培养和训练上，学生对语言以外的知识的获取，尤其是在知识获取方法和知识创新方面显得力不从心，造成知识面狭窄、综合思辨能力差的负面效果。

针对现实中存在的诸种问题，有学者分析道，从全国范围外语类专业教师的总体情况看，大多数教师只能归为"外语(语言)教师"，而达不到"外语类专业教师"的要求，教师"能力赤字"问题严重。相当一部分教师对职业的理解和定位是从事语言教学的外语教师，而不是作为高等教育一个独立学科的外语类专业的专业教师。换句话说，目前我国的外语类专业的师资队伍，对《高等学校外语类专业本科教学质量国家标准》所描述的人才培养目标的支撑度远远不足，因为无论是教师自身还是从事教师发展的研究者，都对外语类专业教师这一特殊群体(不同于大学英语教师，也不同于中小学或培训机构的外语教师)的身份定位出现了比较严重的偏差(孙有中、张虹、张莲，2018)。因此，如何进行跨学科深度交叉融合，是新文科背景下的重要课题。

4. 人才培养和社会需求脱节

受到国际、国内经济形势的影响，再加上人工智能技术的冲击，外国语言文学类专业毕业生的就业率逐年降低。根据教育部服务与素质发展中心公布的数据显示，"英专生"主要就业去向包括教育业(占比39.8%)、制造业(占比7.8%)、金融业(占比6.2%)，其中教育行业吸纳人数最多(敖竹梅，2023)。实施"双减"政策后，很多"英专生"无法像往常一样在培训学校找到工作，这使得本已严峻的就业形势雪上加霜(彭青龙，

2024）。教育部公布的 2022 年度普通高等学校本科专业备案和审批结果显示，32 个高校的外国语言文学类专业被撤销（教育部，2023），其中不乏"双一流"高校。当然，高校撤销外国语言文学类专业的原因多样，比如有些转向了区域与国别等，但不管怎么说，这至少表明外语面临着学科生存的危机。

困境生成的原因之一为高校外语学科建设仍然局限于象牙塔内部，关起门来办学，缺少与行业接轨的格局，产学研分离，导致人才培养和行业需求无法匹配，学生缺少足够的实习和实践机会，难以将通过课程学习的理论知识应用到实际工作中，在行业市场中缺乏就业竞争力和职业发展空间。同时，由于高校的发展与所在地区的地理位置、经济发展、人文历史都有密切关系，学校的科研师资和人才培养也是本土区域发展的重要支撑，而部分高校外语学科的发展与地方经济和产业需求存在脱节，导致外语教育资源未能有效地转化为促进地方经济社会发展的生产力，服务于地方经济和区域发展的效果欠佳。因此，有学者提出"强化学科与行业、企业的跨界联合"的建议（蒋洪新、杨卓，2023）。教育部 2018 年也曾颁发《关于加快建设高水平本科教育　全面提高人才培养能力的意见》（又称"新时代高教 40 条"），要求高校培养具有国际交流能力的新文科、新工科、新医科、新农科的创新人才，高校要主动"从学科导向转向产业需求导向"。只有不断满足社会发展的新需求，学科才能可持续发展，外语学科也不例外。

5. 重学科建设轻专业发展的传统思维桎梏

也有学者指出，造成外语专业危机的原因之一是专业与学科的分离（蔡基刚，2018b）。我们知道，专业建设是外语人才培养的根本，然而当前对外语学科建设的重视要远超外语专业建设。如在各级各类课题申报过程中，学科建设课题在学术声誉和经费支持方面均大于专业建设的相关课题。赵永青等（2014）对中国大学进行教学研究发现，外语专业缺乏教学研究，缺少对教学方法的深入探索，缺乏对现实问题开展相关的研究。经过近十年的发展，这种情况已有相当改观，但"轻教学"的思想仍十分严重。这是因为，长期以来，我国高等教育领域的许多决策、管理者和相当多的学科带头人，普遍存在重科研轻教学的思想，认为科研是"硬指标"

(谢阳斌、桑新民，2018)，科研项目在评职称、绩效等方面均比教研项目更加"实惠"，高校"重科研而轻教学"的情况十分普遍，教学面临着被边缘化的风险(王鑫，2017)。

专业建设涉及的教学模式、教学手段、教学方法方面的改革、研究由于需要围绕学生展开，费时费力，见效缓慢。因此，学科建设与专业建设严重脱节。而且教学效果的好坏、教学改革的成效不易量化，无法与科研项目等同视之。科研与教书育人的关系、科研与社会服务的关系难以调和，教育教学水平和人才培养质量得不到保证。总的来说，现有的语言文学学科建设思路主要凸显了外语的"人文性"特征，忽略了外语的"工具性"特征及其对学科内涵发展的基础作用；而专业建设又过多考虑了"工具性"特征，忽略了其"人文性"特征。因此，外语学科建设表面上如火如荼地进行，而实际上许多专业却无法培养出符合学科发展建设所要求的人才(安丰存、王铭玉，2021)。

即便是科研方面，由于传统的外语学科内涵覆盖面狭窄，外语教师研究视野往往仅局限于语言、文学、文化、历史方向，在数年以前如果外语教师研究了国外的经济、法律、政治等，其成果很难被认作外语界的成果，这样就切断了外语与其他学科的联系，使外语与其他学科产生裂痕。如果复合了这些方向的外语专业，缺少了这些领域的研究，自然无法保证专业的健康发展。这些问题与外语学科内涵发展定位有直接关系。

幸运的是，近几年国家出台"破五唯"，提倡"四个回归"，以及在新文科建设政策的指引下，应该会逐步引导业内打破传统思维桎梏。

6. 学科的本土理论产出问题

如前所述，在外语教学与研究中，国外理论的引进和运用较多，也产生了一大批将国外理论与中国实践进行比较研究的学者和成果。然而针对我国丰富教学实践的原创理论凝练不足，具有中国特色的外语教学理论体系等至今没有形成，广受国际学术界认可的科研成果十分匮乏。外语科研成果没有真正体现中国特色，也更谈不上用中国特色外语教学理论指导外语教学实践。

张剑(2023)曾分析道，从外语学科来讲，我们特别需要这样一个新机遇。如果说我们的理工科已发展到在有些方面完全能够与西方在同一平台上竞争，那么在文科方面，说得直白一点，我们并没有登上同一平台。相对于西方的人文学科，我国文科的发展应该说相对滞后。比如在理论创新方面，无论是文学、语言学，还是翻译学、社会学、政治学，我们都没有产生能够引起世界关注的理论。美国权威的大学文学理论教材《诺顿理论与批评文集》(The Norton Anthology of Theory and Criticism)收集了全世界从古到今的文学批评理论，但是中国的批评理论是缺位的。虽然该书2010年的第二版收录了中国评论家李泽厚的《美学四讲》中的"形式层与原始积淀"理论，但是毕竟在所收录的150多位理论家中，中国仅有一位，是非常少的。也就是说，我们的外国语言文学、社会学、政治学学科的理论多数是从国外引进的，我们自己的原创理论屈指可数。有人称之为"失声"，称文科的工作是"搬运工"，称文科的做法是"拿来主义"。正如李泽厚先生所说："最大问题是原创性不够，都是转述、模仿。根本性的创造太少。"如果按照李泽厚先生的推荐者顾明栋教授所言，"原创性是一位学者最高成就的体现，也是其在众多学者中安身立命的最重要资本"，那么我们也可以说它是一个国家对人类知识能够做出的最高成就的体现，是一个国家安身立命的资本。

持这种观点的人在外语界也不在少数，如文秋芳(2016)、束定芳(2017)、庄智象和陈刚(2017)等。文秋芳(2016)就指出，我国应用语言学研究的最大不足是缺少具有本土特色的应用语言学理论；她批评"上不着天，下不着地"的伪学术研究，提出要做符合国家需要和学生发展需要、符合外语教学实践的学问(引自孙丰果，2016)。

因此，必须以建立中国学派、发展中国学术、实现中国特色的外语学术创新为外语人之己任，实现"外语新文科"内涵之一的理论创新建设目标迫在眉睫。

7. 外语学科的边缘化问题

这里说的"边缘化"一是指在人文学科的边缘化，二是指在高校学科建设的边缘化，和与之相关联的外语学院在高校的边缘化。

首先，外语学科过去长期的功利化、实用化倾向偏离了人文学科属性的要求。正如我国比较文学专家王宁(2020)所言："外语学科隶属于人文学科，但长期以来却游离于中国的人文学科主流，又远未达到推进中国人文学科国际化的水平，因而一直处于中国人文学科的边缘地位。"由此造成外语专业给人的感觉就是听说读写译，就是一个工具，何谈人文性，何谈研究？

其次，外语学科在非外语类院校大多属于"边缘学科"，在教育资源分配上无法与其他学科享受同等待遇（彭青龙，2016）。尤其在理工科院校，外语专业所面临的问题又呈现了其特殊性。具体表现为：（1）面对工科优势学科，外语学科话语权微弱。（2）对外语学科属性认识不明晰，公共课教学任务较重；在团队建设方面，外语教师研究方向分散，偏向于"单兵作战"，难以形成具有影响力的科研团队，不利于整合并有效利用优势资源，因此在项目申报、资源分配等方面不占据有利地位（张奕，2023）。事实上，即使是在综合性院校，外语学院的教师也通常感觉在学校的地位低，缺少发言权，存在感较低。再加之近几年外语专业招生遇冷，外语很有可能成为文科中的"最短板"，在一定程度上拉低了学校的招生分数，受到招生部门的冷眼对待。另外，在科研项目、学科评估等方面外语也常常被看作"低等生"。在"木桶效应"的心理作用下，除了大学外语教学，外语专业往往在高校中不受待见，这对外语学科发展带来极大的负面影响。

基于以上分析，我们可以看出，我国的外语学科建设以及人才培养过程中存在着一些不足。尽管如此，也不能因噎废食。要正视问题，分析利弊，吸收外语教育发展中的优秀传统，去除时弊，促进外语学科建设向纵深发展，这是高等教育不可或缺的一环。

第五章

新文科建设个案研究

针对第四章提出的问题，应采用何种解决方案？是否有可资借鉴的成功经验？本研究选取了四所具有代表性的高校，即作为"一流大学建设高校"①之综合性高校代表的浙江大学、作为外国语高校代表的北京外国语大学、作为行业特色高校代表的中国民航大学以及作为区域特色"部省合建"综合性高校代表的海南大学，通过分别对其外国语学院院长（含前院长）的深度访谈，了解其新文科建设的经验，发现共性，总结规律，为新文科背景下高校外语学科建设理念与实践路径提供借鉴。

---

① 根据教育部官网的介绍，"双一流"是世界一流大学和一流学科的合称。"双一流"建设高校包括42所一流大学建设高校和95所一流学科建设高校，浙江大学属于一流大学建设高校。（参见"双一流"建设高校名单 http://www.moe.gov.cn/s78/A22/A22_ztzl/ztzl_tjsylpt/sylpt_jsgx/201712/t20171206_320667.html?authkey=pbi1i3)

第五章　新文科建设个案研究

第一节

综合性大学

【研究对象】

浙江大学外国语学院

【人物简介】

闵尚超，博士，教授，外国语学院副院长，求是青年学者，唐仲英青年学者，浙江省之江青年社科学者，主要研究方向为语言测试、应用语言学。担任中国英汉语比较研究会语言测试与评价专业委员会常务理事、副秘书长，SSCI、A&HCI 检索期刊 *Language Testing* 编委；近年来在相关领域共发表 SSCI、CSSCI 收录论文 20 余篇；主持国家社科基金项目、国际科研项目（British Council）、教育部人文社科项目、省社科规划项目等 6 项；作为主要成员参与 3 项国家社科基金项目、1 项教育部哲学社会科学研究重大课题攻关项目；出版专著 3 本（合著 2 本）；获省部级奖项 3 项；2010 年 9 月—2011 年 9 月访学于加州大学洛杉矶分校（UCLA），2019 年 8 月—2020 年 8 月访学于美国 WIDA 测评中心。

【访谈内容】

本书作者（以下简称窦）：闵院长好，久闻大名。非常荣幸有机会向闵院长请教学习。闵院长在学术方面成绩斐然，是我学习的榜样，同时浙大新文科建设走在全国的前列，所以如能借鉴浙大外国语学院的经验，那是非常荣幸的事。

闵尚超副院长（以下简称闵）：没有。我们跟大家一样，都在探索。您过奖了。

窦：那我就请教第一个问题了。贵院新文科建设的总体情况如何？学院对接新文科的举措有哪些？

闵：学院对接新文科建设的工作之一是在跨院系教学合作上，我们与各个专业合作开设了一些学术类的通识课程，比如新文科学术英语。这不仅仅是针对新文科，还包括新工科、新医科、新农科的学术英语。专业方面，我们较早开展的有国际组织交流、国际组织的硕士专业以及辅修专业，在国际组织领域我们做得比较早。

另外，有很多"外语+"项目，学生可以跨专业修读辅修学位，如计算机、管理、法学等。现在，我们学院还开设了双学位项目，如涉外法治（英语—法学）、德语—光电信息科学与工程、法语—电子科学与技术等。浙江大学作为一所综合性大学，学科种类齐全，文文交叉、文理交叉、文工交叉等项目都非常全面，这也惠及到了外语学科。

窦：谢谢闵院长。浙大外国语学院的国际组织人才培养久负盛名，这是学院办学的最大特色吧？

闵：国际组织人才培养是我们的一大亮点。学院努力为联合国等国际组织和外交部等涉外部门培养优秀青年人才，国际组织后备人才的培养不断向纵深发展。2015年9月，启动国际组织精英人才培养计划（简称"国精班"）。2015年10月，"国精班"开始面向浙江大学外语学院招生。2017年，开始面向全校招生。2018年，外语学院面向全校开设"国际组织与国际发展"辅修专业，同时建成"国际组织与国际交流"硕士点，努力为联合国等国际组织和外交部等涉外门培养优秀青年人才。"国精班"已形成一套比较成熟的人才培养体系，拥有一批实力强大的战略合作伙伴、海外合作高校、校外实践导师及国际组织实习基地。学生相继在全国大赛中取得优异成绩、获得众多国际组织实习机会。所以，国际组织人才培养是我们学院最核心的任务。

窦：确实引领前沿。刚才您也提到了跨院系教学合作，如何促进其他学院老师参与贵院课程的授课？是否有相应的管理制度？

闵：比如在国际组织这个领域，导师队伍不仅来自外语学院，还包括法学、管理等其他学院的导师，实现了跨院系合作。

公共大学外语跨院系开设的课程，主体课程在外语学院，许多课程会涉及外语学院的老师联合其他院系的老师。比如新文科方面我们会跟法学联合，新工科方面会跟计算机联合，新医科方面会跟医学联合等，合作讲授一些相关的课程。管理主体在外语学院，但这是学校层面运作的，包括本科生院会开一些联动会议等。所以本科生院发挥了很大作用，他们会对点联系相应院系的老师，然后我们一起授课。

关于教师的工作量认定，虽然本科生院把课程的主体权放在了外语学院，但如果有计算机系的老师参与授课，那么这个课时会相应划给计算机系的老师，其他院系也同样对待。这对大家来说都是好事。另外，外语学院的有些老师也具有跨学科背景，比如法律英语出身，或者本科硕士是英语、博士是管理学出身的，他们就可以单独承担某门跨学科课程，当然也可能会联动其他学院的老师共同建设课程。

总之，这一切都是因为学校的支持力度很大，所以总体比较顺利。

窦：明白了，谢谢闵院长。另外我也查阅了贵院主页上关于课程、教材、教师、教学获奖情况的介绍，感觉数量非常多、级别特别高。能否请您介绍下最有代表性的项目。

闵：我们国家一流课程包括大学英语、英语口译和"跟我学俄语"等。

在教材建设方面，我们的历史比较久。比如何莲珍老师主编的《新编大学英语(第四版)》，获得了首届全国教材建设奖一等奖，许均老师的翻译教材也获得了一等奖。

教学获奖方面，教师会积极参加各类教学比赛，包括集体的和个人的奖项。从教学成果奖的角度来看，我们上一批获得了省级一等奖，之前也获得过两个国家二等奖。

我们开设英语、日语、德语、法语、俄语、西班牙语、翻译六个语种、七个专业，都是国家一流专业，学校对外语学院的重视程度很高。

窦：那教师的总体教学水平一定会很高，这跟科技赋能在教学上的应用有一定关系吧？

闵：首先，关于科技赋能在教学上的应用，我们现在全校主体在推的就是"AI for Education"，即 AI 怎么样融入到我们各自的教学当中。在全校层面的通识课程系列里边，包括我们外语的学生也有人工智能课程，当然文科跟理工科的人工智能不一样，但学生都会修读相关课程。

就外语来说的话，业界比较关心的是我们推出的"慧学外语"智能学习平台。这个平台是我校自主研发的生成式 AI 辅助的英语学习平台与数字人助教系统。系统以《中国英语能力等级量表》为标准、以认知诊断测评技术为基础、以观止大模型为核心，具备精准测评英语学习者能力、智能促进英语自适应学习、高效协助英语教学者开展生成式 AI 教学以及数字人文微课制作等核心功能。平台深度契合英语学习者与教学者需求、提供英语听说读写四能力的 AI 伴学与自适应学习、促进英语学习者能力螺旋式提升、有效实现"教—学—评"一体化与数字化等特点，成为大学外语教学界目前功能相对完善的 GAI 辅助的学习平台之一。

这个平台适用于所有的本硕博学生。他们在入校前，要利用该平台在线上参加我们的认知诊断测试，然后根据测试结果确定他们在国标也就是《中国英语能力等级量表》上的级别，以及自己的优势跟劣势，发现自己的问题到底出自语音方面，还是细节理解方面，或是主旨大意把握方面。平台给出一些个性化的反馈，然后基于 AI 和系统会推送一些个性化的学习资源。在系统上也可以进行写作和口语互动，AI 从语言、内容、结构各个层面给出评分以及反馈。通过 AI 口语互动，学生能够跨越空间和时间限制进行外语学习，拥有更多的练习机会。这是浙大现在用得比较多的平台，服务全校 7 万多学生。

当然这只是科技赋能的体现之一，还有老师们自己研发的小程序等。

窦：谢谢闵院长。接下来我想请教贵院教学和科研的结合情况，比如说科研反哺教学。当然闵院长本身科研实力也非常雄厚，请结合您自身的情况或者学院的情况介绍一下。

闵：我们学院主要有三个大方向：语言学、文学和翻译。在语言学中的应用语言学研究方面，我们有一个校级的研究中心——浙江大学外语能力发展与评估研究中心。加入该中心的老师的研究方向有外语教学、二语习得、心理语言学、语言测试、神经语言学等，这些研究成果很多时候会应用到教学中。

从机制的角度来说，我们建立了大学外语教学发展研究共同体。根据教师的研究方向分成几大模块，比如外语教育技术、语言测评、二语习得等。每个模块聚焦 8 到 10 位老师，大家定期开展教学研讨，利用课堂数据和校本考试数据进行分析、研究，发表科研论文，这些论文会反哺到教学中。

窦：长期以来存在一个比较严重的问题，就是教师对科研重视程度非常高，但对教学重视不够。浙大外国语学院的情况如何？

闵：我们学院的政策要求是，无论是"百人计划"引进的长聘型副教授、教授，还是常规师资的副教授、教授，对教学和科研都有同等的要求。教学课时数、教学考核优良率、课程获奖、教材等都是职称评聘所看重的。尤其是对于"百人计划"的教师，要在整个学校大平台上去竞争。这样外国语学院可能占有一些优势，也就是因我们的教学业绩而受益。因此，尽管科研很重要，大家也不会忽视教学，因为政策考核机制起到积极的作用。

我们评副教授或教授有三类渠道。第一类是百人体系，业绩评价包括教学、科研、社会服务，这是全校层面的竞争，属于长聘制。第二类是常规师资，教学科研并重，以此评聘教授职称。第三类是以教学为主的教授，教学科研都有要求，但主体在于教学业绩，如教改论文、一流课程、教材建设、教学成果奖等。我觉得政策的引导非常重要。

窦：好的。说到教学，除了课堂教学外，还有实践教学。在实践教学方面，国家越来越重视产教融合、校企协同育人，能请您谈一下外语和企业之间的联合情况吗？比如说实习基地建设以及企业导师授课等。

闵：比如在国际组织方面，学生的实习机会很多。我们会将学生送到联合国儿童基金会、教科文组织等实习。此外，也有一些学生到阿里巴巴等企业去实习。这些实习机会跨越了传统意义上的外语使用范围。现在学生的视野比以前更开阔了，他们可能将外语视为一个敲门砖，可以从事各种行业，甚至接受不使用外语的工作。这反映了学生心理上的变化。

窦：谢谢闵院长。刚才我们说到了行业服务和行业贡献。浙大外国语学院和社会的结合是非常密切的。当然，我从主页上也已经查到了一些，请您再详细介绍一下。

闵：如学院主页所提，我们实施了国际组织精英人才培养计划，形成系统有效的培养和推送体系，为综合性大学国际组织人才培养提供"浙大方案"。我们成立浙江大学语言能力发展与评估研究中心，主要开展系统化、科学化的语言能力发展与测评研究，构建符合智能时代认知与学习特征的外语能力发展与测评体系，建设具有中国特色的外语教育理论体系。在何老师的指导下，牵头研制了多个国家语言能力标准，包括大学外语的教学指南、义务教育英语课标修订的质量评价标准。我们还成立了浙江大学外国语学院"语言与老龄化研究中心"，为社区老年人提供语言与认知健康的系列服务，包括全面筛查老年人的语言和认知能力，积极举办"老年语言培训班"，提供语言和认知能力训练，以守护我国老年人的语言和认知能力，保障国民健康。还有，我们成立了中华译学馆，出版百余种译著和专著，为弘扬优秀文化发挥了重要作用；承担良渚文化遗产申遗百万字文本及附件翻译工作，助力成功申遗。以上是我们做的较早、影响较大的几个方面，当然还有一些其他社会服务。

窦：好的。谢谢闵院长。下面一个问题是学生的就业情况。当然贵院有很多语种，还有翻译专业，学生的就业方向可能会有很大差异，但在差异中能否有些相对集中的趋势？

闵：以本科生为例，就业情况还是比较分散的，包括教育行业、金融行业、公务员等，各种各样。我们的读研深造率很高，大约有百分之六七十的学生选择继续深造，包括国内外的研究生。报考研究生的方向也比较分散，至少有十几个不同的专业，但总体上报考外语的还是比其他专业多一些。

窦：感谢您对上述问题进行了详细介绍。您认为浙大外院的外语新文科建设的成效如何？交叉融合的深度如何？哪方面比较好？哪方面还有待改进？哪方面难以推进？

闵：新文科建设大家都还处在探索阶段，还很难进行概况性评价。但浙大外国语学院在国际组织人才培养方面是比较成功的。从 2015 年起，我们便向国际组织输送人才，开展交流、实习或者就业项目，这方面我们比较超前，在综合性强校中也是排名靠前的。此外，我们的辅修项目已经进行了多年，包括各个语种加其他方向的辅修，社会评价也很好。

双学位项目还在探索中，从第一年的招生情况来看，非常火爆，无论是偏文科的英语加法学，还是偏工科的德语加光电信息科学与工程、法语加电子科学与技术。在培养过程中，我们还在探索如何既要保证学生拿到两个学位，还要保证学生掌握语言专业和第二专业尤其是工科专业的知识。同时，我们正在寻找学生未来发展的一些出路，比如与法国合作开展对应专业的硕士联合培养项目。学生在获得法语和电子科学与技术学位后，可以直接去法国攻读电子科学研究生学位。俄语等其他语种也在进行类似的合作。

尽管我们在新文科建设方面取得了一定的成效，但在小语种的双学位项目中，如何平衡专业内容和语言专业的学习，以及如何与对方工科专业的要求相匹配，仍然是我们需要进一步探索和改进的地方。

窦：好的，名牌强校确实名不虚传。最后请教一个问题，您认为新文科建设（推进程度）的评价标准，或者说外语学科建设质量评价的标准、指标有哪些？

闵：我认为还是要看人才培养质量。新文科建设的核心还是在于打破过去对专业的局限，培养更多跨专业领域的复合型人才。最终评价还是要看学生培养出来后的表现，包括专业技能、就业情况以及对整个领域的贡献。从质量评价标准来说，以国际组织人才培养为例，其指标应该包括国际组织实习的情况、就业情况以及跨专业读研的情况等。但要说具体内部的评价指标，不同专业应该有不同的标准，不好一概而论。

窦：谢谢闵院长的详细介绍，让我感受到名牌高校新文科建设的成就，学习到宝贵的经验。请允许我将贵院经验进行推广。再次向您表示感谢！

第二节

外国语大学

【研究对象】

北京外国语大学英语学院

【人物简介】

张剑，北京外国语大学英语学院前院长、二级教授、博士生导师、国务院学科评议组成员、国务院特殊津贴获得者，北京外国语大学学术委员会副主任，《外国文学》（C刊）和《英语文学研究》（AMI 核心集刊）主编，全国英语文学研究分会副会长，全国诗歌研究专业委员会副会长；曾任教育部全国英语专业本科教学评估专家、精品课程评估专家、教育部考试中心全国研究生入学考试英语试题命题专家。曾主持国家社科基金、苏格兰艺术委员会基金等重要科研项目。主讲国家级精品课程"英语文学概论"，国家级一流课程"英语诗歌赏析"，获得国家级教学成果奖二等奖。主要研究领域：英美诗歌、中外文学关系。著作包括《T.S. 艾略特：诗歌和戏剧的解读》《英语文学的社会历史分析》《燕卜荪传》《现代苏格兰诗歌》等，在国内外学术刊物和《光明日报》《中华读书报》等刊物发表论文 100 余篇。

【访谈内容】

本书作者（以下简称窦）：张院长您好。您是中国外语教育的领航人，也是学界的大咖，我拜读过您很多大作，尤其是 2023 年您写的有关新文科建设的论文，带给我很多启发。张院长具有丰富的办学经验，对新文科建设也有深刻的体会，所以很荣幸能对您进行访谈。

张院长（以下简称张）：哪里哪里。很高兴接受访谈。

窦：那我就开始请教第一个问题。您执掌北外英语学院多年，也见证了中国外语教育发展的几十年，请您谈谈外语专业发展的历程以及其中存在的问题与解决方案。

张：英语学院的改革与发展，伴随着我任职的 20 年就没有间断过。说实话这 20 年间，每过一段时间就会有人炒作外语专业。现在说社会上对我们的认知，觉得就是学单词、学语法、练口语。这些在新东方都能做到，那何必上大学？或者有些家长觉得孩子英语已经很好了，雅思也考得很高，外语交流没问题，那还学外语干嘛？很多人觉得外语不是专业，就是语言学习。实际上，社会上有很多认知是不准确的。

这些质疑促使我们不断思考外语专业的定位和发展方向。很多时候我们要思考我们的本体问题。如果是借用"守正创新"一词的话，那我们还得回到我们的"正"。我们的"正"到底是什么？就是语言、文学、翻译和体系化的知识领域。这些都是学问，不是简单的学语言、学单词、学语法。语言、文学和翻译是体系化的知识领域，这是大学外语专业教育的内涵，而不仅仅是听说读写译。在 90 年代，全国教指委出版的英语专业教学大纲中有关知识性课程的内容非常少，大概只有 30％多。而在外语专业的课程设置中，只有 30％多是知识性课程，近 70％都是听说读写译技能性课程，社会上自然会对外语专业产生错误的认知。后来北外和上外都做了大幅度的调整，将比例倒置，即 70％的知识性课程和 30％的技能性课程。但考虑到学生外语基础的差异，我们最终调整为 50％和 50％，以确保学生的外语能力达到专业水平，要字正腔圆、口语流利、表达地道，外语能力要远超出一般的其他专业学生的外语水平。在这个基础上构建知识体系。我们后来就形成了一种共识——"两手抓，两手都要硬"。

但现实问题是，一些水平较高的大学可以做到，但大多数大学在知识性课程方面比较弱。因为学生的外语基本能力提升面临着艰巨的任务，不得不把很多精力花到这里了。再者，外语专业经历了扩招，一些教师疲于奔命，只能做到应付教学。有些学生根本不适合学外语，或者根本没有志向要学外语，但也招进来了，这样培养起来肯定很困难。从全国来讲，本科专业缩减一点应该也没太大问题。我觉得外语专业还是要以培养高端人才为目标，这才是外语专业的固有特性。如果我们培养出来的人才外语水平跟法律专业、经管专业、理工科专业的学生差不多，甚至还不如他们，那我们这个专业注定会失败。而很多对外语专业的非议也就集中在这里——因为外语专业并不"专业"。那你存在的价值和理由在哪里？业内的一些学者也提出这些疑问，就是我们应该怎么做？

以前复合型的做法，即外语专业跟法律、外交、商科、新闻等复合，但后来发现这导致我们放弃了外语专业的核心，把外语完全作为一个工具去学习其他专业，相当于办了一个比如法律专业的国际班之类的，可能外语好一点，但真正的专业不是外语了，专业可能就是法律了。当然对国家来讲，更需要既精通法律又掌握外语的复合型人才。但是这个应该在哪招生？是不是应该在法律系去招生？他们开国际法专业或进行法律专业国际应用人才培养那是可以的。但如果是在外语专业招生的话可能不是很合适，那就变成别人的专业了，外语就纯粹沦为一个工具。

像在北外，后来也不提复合型专业。我们以前的复合型专业后来都纷纷独立了，比如新闻专业独立成新闻学院，外交专业独立成国际关系学院，法律方向独立成法学院。他们是以他们的本体专业为主，再增加一些外语课程。所以复合型道路走了一段路程，然后实际上又回到了咱们外语专业的本体，我觉得现在我们提本体提得更多。守正才能创新，光创新不守正，那就被别人带过去了，只是为别人专业去服务，仅仅是服务而已，放弃了自己的专业。但是国家可能需要那样的人才，所以也给外语专业施压，觉得你们应该和其他专业复合，培养国家急需的人才，比如国际组织人才。我们的确需要为国家服务，但是复合型提法的确有争议。现在又有点回头，教指委又重提复合型专业，外语要跟其他专业复合，要培养那样的人才，外语是工具。这个对外语专业是否有利，另当别论。当然，国家的需求我们要响应。

现在我们所认识到的，我们的教育理念以及我们进行的一些实践，实际上也是那时候经过改革讨论所形成的一些共识性的结果。我们要培养外语功底扎实同时具有人文社科知识的专业人才。即培养具有语言学、文学以及区域国别等方面的扎实知识，能够承担起外交外事、外贸、国际新闻、国际法律、教育、学术研究等领域工作的人才。这样的人才培养目标都是那个时候开始，到现在好多教学改革、专业改革在很多方面也是这么做的。就是语言与专业的融合。以前纯粹是教语言，把一些材料搬过来加上一些词汇、语法、练习就可以改编成教材。但现在很多学校追求体系化工程，在精读教材中就会加入学科知识，比如文学知识、语言学知识、哲学知识等，它是体系化的。就是很多核心知识跟外语结合起来，在精读上就学这个，而不是学那些"心灵鸡汤"。以前的这种精读课内容很多都是心灵鸡汤，东一篇西一篇文章，不成知识体系，学生学了之后也就忘了。这样做是不对的。

后来提出了思辨能力培养。我觉得首先要有真正的教学材料，才能引导学生去思辨，才能培养思维能力。如果是浅显的材料，就像《读者文摘》似的，只能算是消遣，不能启迪思维，知识不成体系。这样的一些教学需要简化，甚至把它排除出去，取而代之的是我们自己的专业知识，比如文学、语言学以及区域国别知识等核心知识。不管在技能课，还是在高年级开的专业课当中，都要集中在这些知识上面。并且如果精读、口语、写作很多方面在内容的安排上，都集中在这几个方面的话，学生可能逐渐形成身份定位，认为"我就是学这个的""我不是学其他的"。新东方式的学习，学生记住了一些单词，但不是专业学习，学的内容全都忘了，就不可能有专业认同感。

我们的改革实际上就集中在上述这些方面。像我们的教材，第一册是语言学，第二册是文学，第三册就是社会文化，第四册是哲学文明。这些核心知识不可或缺。再如我们现在的口语课，也是人际交流，它背后的支撑是交际学。简单的生活口语，比如问路、买东西，大学生去学这些东西，那不是侮辱他们的智商嘛。然后辩论、演讲课程也一样，既然是大学的课程，就要刺激学生的思维，让学生大脑动起来，要思考，会思维，这才是大学教育。

当然小语种一般是零起点，有其独特性，也需要实事求是。但英语专业必须得高起点。当然有一部分同学可能来自偏远地区，口语不过关，那我们就开小灶，对这些同学进行专门辅导，补起来赶上别人就行了。但是总的来说，大学教育就应该教授与其相匹配的内容。

窦：感谢您系统性的梳理。新文科建设提出以后，大家对新文科的内涵进行了大量解读，您是怎么认识新文科的？基于新文科内涵的外语学科建设对上述问题的解决是否达到一定成效？

张：新文科建设对我们英语学院的影响是深远的。新文科建设理念不光针对外语，而是针对所有文科。其核心内容，其一是学科交叉融合；其二是自主知识体系的建构；其三是价值引领；其四是技术赋能。现在大家首先想到的是学科交叉。包括文文交叉和文理交叉。教育部前几年设立了一些新文科改革和实践项目，我们也有一个这样的项目，也是在做这方面的事情。

文文交叉对外语来说比较容易。比如说语言学，就有很多交叉。语言学者有研究文学的，这种方法叫文体学，也叫风格学。翻译的交叉也比较多一些，主要是机器翻译的研制，自然语言处理，这些是跟技术相结合的。但文学这方面的文理交叉融合比较难，因为文学研究靠想象力，靠情感。而技术、数据方面靠的是理性，因此跟文学有一种天然的抵触。但文学跟历史、哲学、语言学结合非常紧密。而语言学方面的话语分析，可以用来研究国际关系和新闻话语分析。因为话语分析在各个领域都可能出现，所以这些交叉已经很普遍。当然我们能否走远是一个值得思考的问题。我就在想，文学跟技术的结合能不能做到？语言学和翻译学显然走在文学的前面。因为它们跟技术的结合比较紧密，都要实验室、实验仪器来辅助研究一些语言现象，而文学在与技术的交叉融合方面显得比较落后。我也写了一篇文章专门谈文学与技术的结合，而不是谈的单纯外语专业。实际上我最近也读了一些书籍，觉得文学与技术结合不仅是可能的，而且还有很多可能性，需要更深入的探讨。这是新文科建设交叉融合方面我们已经取得的一些成效。

自主知识体系的建设不是说三五年就能够有成效的。我们现在用的理论都是西方的，包括在文学方面，中国的理论很少，有时候借鉴中国古代的《文心雕龙》，或者道家、佛教的思想用来研究文学。但是我们现在有没有一套完整的知识体系？这个很难说。国家提出的新文科是长期的建设任务，很难在三五年就产生新知识体系，这需要文科包括外语学科在学术方面不断进行理论思考，不断创新，不断产出成果，这样才会出一些真正的中国自主的、区别于西方的知识体系。新文科作为发端，经过几十年，经过几代人的奋斗，就像我们的经济一样，说不定也会有重大突破。所以说自主知识体系建设不是一件容易的事情。

现在大家也在广泛讨论中国外语学科的自主理论，特别是谈我们的"失语症"，即理论层面在世界上没有声音，大家都意识到了这个问题，都在努力去做。我们在外国文学界也在梳理，有学者提出的双重学术进程以及伦理学批评等，大家都觉得这的确是我们自己原创的成果，可能也算是自主知识体系建构的一部分，但是它不成体系，产生的影响并不大。所以它不可能是一下子就能建成的，我们所有人都应该朝这方面努力。从这个意义上讲，我们对知识的要求，对创新的要求是很高的。但在现实中我们的要求是很低的，像写一篇C刊文章，有些时候就是拿别人的东西来解读一个文本，但基本上没有理论创新。所以自主知识体系建设需要长期的努力。这是新文科的第二个内容。

第三个是价值引领。我们要有中国立场，要以中国价值观为准绳。西方的东西不能拿过来就用，立场不能站偏。比如外国文学研究，学国外的东西是必然的，但我们在引用的时候，有时候很容易就被吸进去，无形当中就很可能认同了所见识的那种观点，价值观就变成了西方价值观。我们现在出现的问题，包括教材问题，可能就在于价值观偏离这方面的问题。因为我们没有强调自主，也没有强调批判性思维。所以价值引领是新文科所强调的一个重要内容。

最后一个是技术赋能。新文科怎么"新"？肯定是要有一些新的面貌。现在的技术发达，如果我们还像以前那样从事教学，那一定会落伍的。当然有些好的东西我们要继承、要发扬。但既然有些技术能够改变教学方法，能够提高效率，能够更容易表达我们的观点，那自然要借力于这样的技术。现在建设的一流课程、精品课程，其中一些是线上线下相结合的课程，这可不是简单的线上线下相结合，而是一种全新的教学方法。线上呈现知识点，线下进行讨论，让学生表达观点，让老师来点评，相互探讨，最终得出结论，这属于翻转课堂，跟以前的满堂灌输是不一样的。还有虚拟仿真课程，跟传统的教学方式也是完全不一样的。所以这些技术会给文科，特别是外语专业，带来一些新的改变。

教育部开了多次会议，也发布了《新文科建设宣言》。仔细研读一下，我觉得它里边归纳总结起来最重要的就是这几个方面。

以上是我对新文科的理解。可以根据这四个模块的建设来判断哪些学校做得更好一点,哪些学校做得不够,或者说哪些学校应该怎么努力。当然,一个学校也很难做到所有模块都全面发展,可能有些模块建设得好一点,有些模块建设得差一点。我们北外也需要继续努力,在各个方面都应该比现在做得更好。

窦:张院长高屋建瓴,对新文科的解读通俗易懂,有助于我们对新文科和外语学科内涵的理解。那在这样的背景下,北外英语学院的办学特色以及创新点有哪些呢?

张:各个学校的建设目标是不一样的。北外因其在全国的位置,决定了必须要培养高端人才。因为我们生源比较好,应该说起点比较高,教师总体水平也不错,所以要培养高层次英语人才。什么叫高层次英语人才呢?就是学习效果要好,能够承担更加复杂、更有技术含量的工作,在就业方面有更好的竞争力,有更好的持续发展能力。这些都是我们希望学生能够做到的。

英语专业是一个严重扩招、极其普及的专业。一些学生在幼儿园时期就开始学英语,到大学阶段英语水平已经很高,如果北外不致力于高端人才培养,那么毕业生将无任何特长,最终会造成北外办学的失败。国家需要的是高端人才,而低端人才已经过剩。举例来说,在联合国,我们是第二大会费缴纳国,按照会费比例我们可以参与更多的国际组织,有更多联合国的雇员、国际组织的雇员,但我国在参与国际组织的总数上偏少,在国际组织里担任中高层(尤其是高层)的领导也偏少,在排名上与我国作为一个大国的身份有些不相称。国家也很着急,为什么前段时间提国际组织人才培养?大概也就是这个道理。国家希望我们在国际上发声,能够去维护国家的安全、主权和发展利益。所以北外、上外及其他外语传统强势学校,有责任满足国家对高端外语人才的需求。所以,我们的办学目标就是培养能够承担国家重任的高层次外语人才。

再说创新人才。这个概念虽然不断被提及,但其实质内容并不清晰,培养方式也未明确。我个人觉得创新是一个比较抽象的概念,难以定义。当然,创新的精神也需要鼓励和培养。知识体系建构起来之后,可能更便于学生成为创新人才。但我们更倾向于"培养高端人才"这一说法。当然并不是说只有国际组织人才才是人才,其他方面只要能够承担国家重任的，我觉得他就是一个高端人才。有些学校培养的人才，他可能去做导游、做文秘，但是我们的外语人才不能全都做这样的工作，至少有一部分要能够承担国家重任才行。所以国家急需的文化交流人才、外交外事人才、国际组织人才以及学术研究人才，这种高端人才是我们培养的目标。

当然，我们也不可能做到所有人都成为高层次人才，但是我们要有这样的理想和追求。我们北外提的是"追求卓越""瞄准高端"，这是学校的培养理念。北外不仅要与国内顶尖高校比较，还要与全世界的同类专业进行比较，要确保学校培养的人才具有国际竞争力。

经过不懈努力，学院已形成独具特色的全英文教学环境和人文社会科学的教学与研究平台。英语系的特色专业包括英语（国别与区域研究）专业、英语（外语教育）专业和英语（21世纪马克思主义国际传播）专业。前两个专业获批单列招生，最后一个专业实行入学后二次选拔，它是北京外国语大学A+专业（英语语言文学）与中国人民大学A+专业（马克思主义理论与中共党史）共同举办的跨校辅修项目。该专业旨在培养能够在全球范围内传播马克思主义的人才。那么怎么样去让全世界理解马克思主义？这就需要传播。传播是用合情合理的方式，让别人听得懂、能理解、能接受。所以既然国家需要，那我们责无旁贷去建设这样的专业，培养这样的人才。

翻译系的特色专业为本科"外交外事高级翻译"专业和MTI"政治文献翻译"专业。前者致力于培养外交人才、国际组织人才，北外有培养外交人才的传统，我们培养了400多位大使和1 000多名参赞；后者是与中央党史与文献研究院合作培养国家重要文件的翻译人才。所以做好外交外事和政治文献方面的高级翻译人才培养是我们永恒的追求之一。

以上是我们总体的培养目标、理念及举措，也体现了我们的办学特色。

窦：好的。确实如张院长所说，北外本身有这样的地位，有优秀的生源和卓越的师资，所以有培养高端人才的宏伟目标。虽然一般学校无法效仿北外，但有些理念可以去学习、借鉴。感谢张院长的深入介绍。另外请教一个问题，在人才培养方面，国家越来越重视实习实践和产教融合，英语学院在张院长的领导下应该做了很多这方面的工作吧？

张：学生的实习实践非常重要。外语专业的学生需要动嘴，需要交流,不能死读书。现在国家提的德智体美劳也是一样的,我们培养的人才不仅要会读书,还要有一定的实践能力以及交往能力。尤其是如果没有交往能力的话,学习能力再强、知识再多都没有用。知识需要能够应用上,才能真正算是知识。一个人即使满腹经纶,若道不出来,没法跟别人交流,那就等于学问荒废了。外语专业就业市场面临着激烈的竞争,如果学生连自己的观点都表达不清楚,跟别人接触如果社恐,那在社会上就无法生存。所以文科教育不能守在象牙塔里,必须与社会接轨。

所以实习实践是很重要的,我们也非常重视。我们的实习基地有中国对外翻译出版公司、中国外文局、新华社、中国日报社、中国国际广播电台、外研社等单位。北京的确有一些得天独厚的优势,因为有很多重要机构都在北京,重大的活动也在北京,所以这给我们提供了很多机会。比如国家重大活动,像冬奥会、奥运会以及在北京召开的 APEC 会议、博鳌论坛等,这些活动一般需要大量的志愿者,我们就推荐学生参与各种服务。有时候是一对一的服务,这样他们也能得到锻炼。实习并不是很轻松的事情,有些工作要求很严格,对学生的能力要求很高,有些时候学生会打退堂鼓。一些学生很娇气,可能属于"精致的利己主义者",不想挑战困难,不想付出。其实,如果实习中遇到问题,能克服困难,解决问题,这就是一种锻炼。

比如去 APEC 会议服务一周或十几天,学生所学的东西要比在课堂上一个学期学得都多。所接触的人,所见识的事,所要处理的问题,可能要远远多于在课程上学的知识。但学生有时认识不到,我们就制定一些规则,给予一些政策的倾斜,比如说在综合成绩上面多算一点分,评优评奖给予一定照顾等,鼓励学生积极参加社会活动。有些学生一开始觉得难度很大,刚开始几天可能还会抱怨,但往往在克服困难、适应后会觉得对世界的认识和对社会的认识有了提升,职业规划也更加合理,自己成长了。这也是很重要的一种教育形式。

现在很多学生是在优越的环境中长大的,没吃过太多苦,虽然目光远大,但有可能不切实际、好高骛远。光在课堂上学课本、学知识,最终也只是纸上谈兵。要在真实的工作环境中,通过一些实实在在的事情去锻炼、成长。比如:事先体验职场是什么样的;通过工作理解他人的不易;在工作中明白奋斗的意义,树立志向;学会奉献,而不是一味索取;在工作中会体会到竞争的意义和积极主动的重要性；锻炼逻辑思维，处理事情分清轻重缓急；等等。这些是课堂上学不到的，思政课可能也做不到。所以产教融合的确很重要，我们也都非常重视。当然难免有些老师意识不到它的重要性，甚至认为实习耽误课程学习。但实际上，学生在实习中的体验会反过来使他们对自己的学习有新的认识，对自己的优缺点有相对客观的判断，对于人生的规划会更趋于合理。

窦：张院长的全面分析让我深刻地感受到张院长的服务意识以及竞争意识等，其实这也是思政教育的一个非常重要的方面。我感受到张院长育人、育魂的责任担当和润物细无声的方法，非常钦佩。接下来我想请教下一个问题。刚才张院长您也提到了培养学生外交外事的一些专业知识，那么这方面的师资情况如何？一般学校的外语教师都是语言、文学、翻译出身，贵院有没有专门研究外事外交的老师？或者学院有没有特意引导语言、文学、翻译老师转型？

张：北外是一个很特殊的学校，英语专业的体量很大，远远超过一般学校的英语专业体量。一般高校整个外语学院有 100 人以上，但英语专业老师可能也就 20 个人左右。我们的英语专业差不多有 80 多个人，所以规模大是一个特点。另外，我们的专业方向分得也比较细，除了文学、语言、翻译这三大块以外，还有国别区域研究。这不是最近建立的，北外本来就有这个传统。现有 14 个研究中心：英美文学研究中心、语言学研究中心、翻译研究中心、MTI 翻译硕士中心、美国研究中心、加拿大研究中心、英国研究中心、爱尔兰研究中心、澳大利亚研究中心、华裔美国文学研究中心、跨文化研究中心、儿童语言研究中心、社会翻译学研究中心、中国外语教材研究中心（国家教材建设重点研究基地）。集聚了一大批相关学科领域的优秀专家学者，为高质量人才培养提供了保障。

像美国研究中心、英国研究中心，这些是在 20 世纪 80 年代就开始了，到现在差不多经历了半个世纪。我们一直有这些方面的师资。比如美国研究，我们考察美国的国际关系及其历史，在这方面我们的师资力量还是很集中的。再如英国研究中心、加拿大研究中心、澳大利亚研究中心，我们的研究都集中在外交和历史这两部分。这方面的师资还是不错的，老师们都是国际关系专业毕业的，也有些是国外毕业的，英语都很好。

我在当院长的时候，就提出来各个领域都要专业化。也就是说，我们给学生的知识要专业化，所以我们的师资必须是专业出身才行。比如社会学，那就得是社会学出身的人来担任，不是说我们的外语老师去学一点社会学，补一点知识就来上课了。只有社会学专业出身的人才知道社会学研究的方法、理论。历史也是一样的，老师们的出身都是学英国史、美国史、冷战史之类的专业，所以开设的课程就比较专业，培养的人才也就比较专业。我相信我们的学生学习了相关方向之后，肯定会对外交、历史有很深刻的理解。然后进入外交行业承担相应的工作，就会得心应手。

窦：好的，谢谢张院长。贵院有很多不同领域的老师，我想老师们也是做了很多行业服务。因为现在也特别强调高校的社会服务功能。不知道在这方面具体情况怎样？

张：北外英语学院一直在强调服务国家和行业的咨政功能。像我们的美国中心、澳大利亚中心、英国中心，都对这些对象国做了很多调研。因为我们国家需要了解这些国家，需要征集对一些具体问题的解决方案。这时候，我们这些"中心"就发挥作用了。所以我们的老师，除了从事教学和科研外，还做一些政策咨询，为中央领导或者某个部门提出一些政策建议。另外，有一些部门、部委和企业，特别是外向型的政府部门和企业也需要外语。所以为他们提供外语培训也是我们做得比较多的一项工作。

另外，我们有一个对口支援西域工程，就是帮助西部发展外语教育，包括新疆、西藏、云南等。有些时候会为他们进行大规模教师培训，也包括学位教育。因为地域原因，这些地方吸引人才的能力的确要差一些，所以他们要么是立足于自主培养，要么是脱产，我们为他们定向培养。还有这些高校学生的游学。因为他们的外语专业跟我们外语专业的资源、标准、规模、教学方法等有很大差异，他们的学生很希望到我们这里来，比如说上一学期课，期望有更大提高。所以我们也接收了不少这样的学生。

当然还有我们的教学改革，有的时候也是可以服务外语教育行业的。我们编的教材大家还是比较认可的，很多学校在使用。外研社每年都有培训，我们参与的也很多。所以，服务国家、服务行业，我们确实是有一些实际行动的。

窦：对，北外在外语界的地位不言而喻，北外的英语学院在全国的英语教育方面更是做出了巨大贡献。当然，行业服务也让人感到比较高端。那除了这些显著成绩外，在您领导期间有哪些工作是比较难以推进的？或者说有哪些本身就属于业内难以解决的问题？

张：我觉得跟大环境有关系。大环境对我们外语专业不是很有利，有时候社会对我们有一些误解，我们得想办法去扭转这种不良局面。我们要通过宣传、交流，让学生、家长还有社会真正理解我们是一个什么样的专业。我觉得这方面我们做得不够，声音还要更大。老师不光要会写文章，还需要在各种场合，比如招生、就业这些场合发声，要为这个专业获得社会认可尽可能多做一些事情。

另外，我们必须要把自己建设好，只有自己强了才能去说服别人。我们要摆脱这种泛泛的英语专业，要逐渐凸显我们的专业内涵。比如区域国别研究、翻译、外交外事等方向，我们要让学生和家长更清楚该方向的培养目标和学习内容，给他们提供了解和选择的机会。因此，在外语专业的人才培养模式的改革上还有更多的事情要做。我在任期间做了一些，但有一些还没做到。大家可以继续探讨外语专业能做什么事情，在招生的时候，我觉得要把我们的专业凸显出来。这是第二个方面。

第三个方面是，我们外语专业的确还是要有一定的门槛。近二十年来扩招很厉害，当大学生的门槛很低，做教师的门槛也很低，这样就把整个行业的门槛拉低了，这对专业发展是很不利的。所以我们强调，外语专业要以内涵发展为主。知识和知识体系的建构是语言专业学生的主要任务，学语言是另一个任务，但不是最主要的任务。这涉及外语专业的综合改革，需要我们认真思考。

窦：好的，谢谢张院长。您的教育理念及办学经验值得我们学习。最后一个问题，对外语学科新文科建设的评价标准，您觉得有哪些？或者说，您如果评价一个学校的外语学科做得怎么样，哪些点比较重要？

张：对于新文科建设，我认为我们一开始谈的四个方面，即学科交叉融合、自主知识体系建构、价值引领、技术赋能，这四个方面都非常重要，因为这是从《新文科建设宣言》中总结出来的。具体要看达成度怎样、发展水平如何。当然新文科建设毕竟是为专业建设、为学科建设服务的，所以学科建设的核心评价体系也都可以作为指标，比如师资队伍建设、人才培养、科学研究、国际合作交流、社会服务等。

窦：明白了，谢谢张院长。我觉得张院长对这些问题的分析很深入，讲解很透彻。尤其是这四点，很全面，也高度凝练。所以，经过张院长的点拨，我觉得自己还是有了很大的一个提升。今天真是难得的学习机会，再次向您表示感谢。

第三节

行业特色大学

【研究对象】

中国民航大学外国语学院

【人物简介】

张艳玲,中国民航大学二级教授、硕士生导师、外语学科负责人,外国语学院院长,民航英语研究中心主任,中国民航大学蓝天教学名师、天津市教学名师,天津市级教学团队负责人,教育部航空外语课程虚拟教研室负责人,国家级一流本科课程负责人。

担任全国民用航空名词审定委员会委员、秘书长,天津市人民政府专业学位教学指导委员会委员,天津市应急外语服务专家库成员,天津市翻译协会副会长,中国高等教育学会外语教学分会理事,全国语言与术语标准化技术委员会术语学理论与应用分技术委员会委员,国际标准化组织航空与航天器标准化技术委员会的航空货运与地面设备分技术委员会(ISO/TC20/SC9)国内技术对口工作组专家。

主要研究领域为航空翻译与区域国别研究、航空术语规范化、航空专门用途英语教学等。主持教育部学位中心主题案例项目、全国科学技术名词审定委员会重点项目、国家语委科研项目、中国民航安全能力建设基金项目等。

获全国五一巾帼标兵、全国民航五一劳动奖章、民航局优秀教师标兵、天津市五一劳动奖章、天津市德业双馨十佳教师、天津市师德先进个人、天津市教卫系统优秀共产党员等荣誉。

【访谈内容】

本书作者(以下简称窦)：张院长，您好。在您百忙之中打扰，深感冒昧。这次我们要占用您宝贵的时间为我们分享一些学科建设的经验，解答我们在专业建设中的困惑。首先，我想请教一下贵院建设民航英语的初衷。贵校是否早已制定相应的统筹规划，并在此基础上对英语专业进行了改革？

张院长(以下简称张)：在我大学时期，我们学校和民航的联系就非常密切，当时航空外语人才需求量很大。但当时学院还尚未意识到建设民航英语专业的必要性，仅在英语专业课程体系中增加了一门叫"航空概论"的课程，这门课程作为公共选修课，面向全校学生开放。没想到我们院的同学对这门课程兴趣很高。当我毕业留校以后，也想学民航英语。因为自己身处民航领域，我曾考虑过是否去航空公司或机场工作。从这也可以看出我们学校的毕业生和民航行业之间的联系非常密切。

正因此，我开始自学民航英语。然而，在当时，这一领域尚未得到广泛关注，我身边有一位老教师，他对我说你如果学民航英语的话，这辈子评个副教授还勉强可以，但要想晋升为教授则几乎不可能。这番话在当时对我造成了不小的打击。不过，那时的我年纪尚轻，对于教授、副教授这类职称对个人未来发展的重要性并无深刻认识，因此也并未将其过于放在心上。在自学过程中，我逐渐意识到民航英语的内容极具实用价值，且航空公司和机场对相关人才的需求旺盛。就下定决心深入学习。边学边明确了自己的发展方向，心想没准将来就调到机场去了。这样就慢慢走上了民航英语这条路。

在随后的至少十年间，我们的民航英语老师就只有我和另一位老师。我们俩一直默默地承担着"航空概论"的教学任务。每年课时也特别多。等到我接手做英语系的副主任之后，就根据民航运行的各个要素，对民航英语课程进行了细化。比如：围绕飞机运行，我们设立了一门课程；围绕机场运行，又设立了一门课程；围绕空中交通管制，再设立了一门课程。以这种方式，围绕着民航运行的各个要素，我们把航空概论课细化成了六门课，后来又发展成八门课。首先设置六门课，像："飞机与飞行（英语）""机场运营与管理（英语）""航空公司运营与管理（英语）""空中交通服务（英语）"等。课程体系的发展是随着行业的发展而跟进的，比如说，国家对民航相关法规日益重视，我们便增设了"民航法规（英语）"课程，再后来发现有很多事故跟人的因素有关，又推出了"航空安全与人为因素（英语）"课程。随着民航的发展，慢慢把课程细化起来，最终形成了八门课。在初期，学校教务部门并未对具体课程设置提出明确要求，但是当我们将课程体系逐步完善并形成规模之后，就得到了学校的认可，学校认为这些课程非常符合行业发展方向，是实现复合性人才培养的重要路径。当我们受到鼓励和支持后，就会有更多的老师慢慢地加入进来，逐步承担起课程负责人的角色。大概是这样的一个过程。

窦：张院长真的非常有开拓精神。因为张院长从零做到一，再做到二，现在已经非常有规模了。其实当时我们日语专业在做规划的时候，在参考我们学院的英语（民航业务）专业的同时，也在贵院的网站上收集了很多重要的信息，所以我个人非常钦佩张院长作为学科发展奠基人的开拓精神。我们目前面临的困难是，有些老师也准备去承担一些民航方向的相关课程，一开始很有激情，但随着时间的推移，一是觉得资料不足而产生畏难情绪；二是在长期的发展过程中，自己的兴趣和研究偏好慢慢地占了上风，可能又会逐步转向。我们所说的双师型教师培养，无论是在民航、国际贸易，还是其他领域，都是一项困难的工作。请问张院长，您是如何带动其他老师完成转型的？

张：窦老师您太谦虚了。我觉得你们要是从日语开始这么做起来，应该会比我们更有优势，因为英语是大语种。其他的各小语种如果把民航日语、民航法语做起来，那会特别棒。您刚才提到网站，其实我们在这一方面做得还很不足，我带领大家往前跑，但有时网站内容跟不上，我也不知道上面的材料够不够、好不好，这点咱们可以慢慢沟通。

您说到咱们日语的老师在转型过程中存在困难，比如说资料不足、个人兴趣研究偏好等。我是这么想的，我带着其他老师转型也并不容易，现在表面上看到好像做得很热闹，但是真正全身心投入在做这件事的人也就是10%—20%，这里还有很大的发展空间。当然，每个人在认知上需要有一个慢慢转变的过程，单位的改革力度也非常关键。我自己最开始去转型的时候，就有老师对我说，你将来或许连教授职称都评不上，当时我的认知也并不坚定。好长一段时间，我一方面苦口婆心地对我身边几个密切合作的年轻老师说你们要深度转型，另一方面也很担心按照原先的职称评价体系他们未来前景不明。

相当长的一段时间，评职称就是要在核心刊物上发表文章，而民航英语相关的文章不好发。这既有我们个人内在的原因，也有外在的原因。内在的原因是，在相当长的一段时间之内，我们着力做民航英语翻译，做飞行翻译，给民航局做事，其实使得我们很少能沉下心来去就着一个外语的研究方向，好好地去写几篇论文。依托民航，相当于在教学之外，又拿出一部分精力来，去做很多翻译，还要进行民航知识的学习。那时我觉得我还无法将日常工作转化到学术研究当中。所以相关文章发表得很少。外部的原因是，当你没有形成系统化的学习时，那么你在学术圈里也没什么影响力，发表的文章深度也不够。航空英语比较小众，期刊杂志社接触这些文章比较少，不愿意刊发。这样的话就导致好多老师不敢转型。

从学校角度来讲，尽管应该改革，但是具体到学院里，我确实在这方面走得非常谨小慎微，不敢迈大步。比如说我在做民航英语的人才培养方案的改革时，曾把培养方案交给了外语界的几个大咖请他们帮着把关，他们也明确说还可以再增加民航类的课程，步子可以迈得更大些。但当学院去实施的时候，首先考虑的是老师的"饭碗"问题。如果大刀阔斧改革了，可能会导致很多老师觉得他们没有能力上这类专业课程，而且我也十分担心会不会阻碍了别人的成长。没有师父，也没有前车之鉴，因此当时我们对于专门用途外语和民航英语发展还是有点不自信，因为很多老师还是更重视职称评定的。这也是相当长的时间内我们所面临的难题。

另一个现象是，我们在日常交流的时候发现，身边一些老师如教大学英语的普通英语老师，一旦参加学术研讨会，大都是老生常谈，没有什么新意，反倒是从事民航英语的这些人，哪怕我当时做飞行翻译，我还只是个讲师，稍微说到航空英语的一些现象，会有很多老师感兴趣，前来探讨。尤其是一些懂外语的外部人士，他们会觉得你确实很不错，或者说很务实。所以说，我觉得一件事如果能一直坚持下去，那它背后一定有一个巨大的推手，就是社会的实际需要。社会实际需要引领着我们往前走。

此外，给行业做事，暂时评职称比较慢，但是会有很多其他发展的平台。比如说，我当时作为飞行翻译，会去给民航局做翻译，跟企业接触的机会比较多，眼界就开阔了。在跟航空公司或者民航的这些具体部门去打交道的时候，能学到好多东西。每次翻译活动结束后，基本上我都会把翻译过的所有的文字、语音材料拿回来，可以在课堂上加以活用，学生很感兴趣，听得很认真。第二个，在酝酿下一步改革时，它们都是很实用的资料。第三个就是老师在这个过程中的成长。虽然未必能很快评上职称，但在这个过程中个人能力提升很快。

我大学不是学翻译的，毕业的时候对自己的英语能力还不自信。我当时曾经历过这样的事，当我看到我的一个前辈接触到一些材料，比如一个神话故事，他能拿起笔来就开始翻译，信手拈来。我当时就觉得很神奇，因为对于我来讲，翻译是需要查阅很多资料的，而他的英语怎么如此娴熟。所以我非常崇拜他。但是等我当了几年飞行翻译以后，我就有了很大进步。可能自己感觉不到，但别人一观察就能感觉到你的水平。有一天还是跟那个前辈在沟通的时候，他问了我一些问题，我全部都能轻松应答，他惊讶于我的进步。所以我感觉自己的翻译能力在实务中有了较大提升。后来也确实比较幸运，我的职称也评得比较早。虽然没有那么多的核心期刊论文，但是还是有几篇，在当时的评价体系内是够用了，再加上还有一些民航方面的项目，很顺利就评上了正教授。

看到我评上职称以后，有些老师开始觉得这条路好像是能走通的，紧接着就跟上来了一小部分人。然后又过了几年，我承担的课程被评为天津市一流课程，甚至成为国家一流课程，这一下子给了很多人强烈的震撼。关键是这也给了我很大的信心，我再次去给身边年轻老师提建议的时候，我就告诉他们，这条路绝对是能走通的。所以后来这几年学科建设的推进就更顺利了，当然也可能包含着我自己当了学院的领导以后，有意往这方面推动、给予政策倾斜的原因。

我还是要特别回应您刚才的问题。首先，关于资料不足的问题，我觉得这其实不是问题。一旦你把心沉在这里，就会发现资料特别多，关键就在于你想不想深入进去。至于您提到的第二个问题——很多老师存在个人兴趣和研究偏好的问题，我觉得这可能是非常重要的原因。我认为这不是简单的研究偏好问题，而是认知问题。大家认为我就是文科的，我就是英语专业的，我就是学主流语言、文学的，没必要向另一领域转型。当然也有可能有舒适区的问题，已经在自己那个领域里比较成熟了，现在去教这门民航英语的专业课程，除了外语之外，同时课堂上还要准备大量的民航知识，这就非常占时间。一次备课消耗许多精力、时间，有时要花上两周时间，上一次课就讲完了，它是叠加的一个很大的任务，好多老师不太敢也不舍得。我还是回到我们刚才的话题。如果你在这个过程中间确实取得了成果也得到了实际利益，有长远利益在，那么去给一些年轻老师做思想工作就容易了。所以我觉得个人兴趣和研究偏好都是认知的问题。

还有就是到底怎么转型，有什么路径？双师型教师培养是需要学校大力支持的。这一点我觉得我们做得还不够理想，在相当长的时间之内，不敢也没能给额外去学民航英语的老师更多的课时补贴，没有政策的倾斜。

一个很重要的原因是我个人的问题。我那时的格局也不够大。我自己是教民航英语的，总觉得如果把民航英语老师地位提得太高了，别人会说你当院长不考虑大多数老师的利益。当时走得不是很坚定，后来学校不断给压力，校领导也直接明确了方向，即只有民航英语这条路才能走通。甚至校领导有时候也会举例子，你看某某，他当飞行翻译做得多好。确实，这方面的成果非常显著。我们学生学了民航英语以后，到工作岗位上会迅速地给我们很多正反馈。这些反馈不断增加后，我们学院才开始给出了一些小小的优惠政策。学校方面对我们的支持的力度一直很大。当时民航特有专业，比如空管、机务、飞行等，如果学生是去航空公司实习，学校会承担所有的实习费用等。所以在早期我们定位不对，没有把自己定为民航特有的专业，认知仅停留在公共英语上，所以这些方面确实是一直在摸索中前行。

去年我们学校推出了一项强制性政策，就是任何人评职称必须有在民航领域 60 天的工作经历。这 60 天可以分成两次，每次不得少于 30 天，学校把它列为评职称的一个条件。我们学院突然间就爆发了民航热，就在刚刚过去的暑假中一下子有 12 名年轻老师报名。所以说在学科建设方面，政策是最有效的，尤其跟职称挂起钩来的政策是最好用的。我现在跟身边老师也说，政策是好用了，但你已经晚了，我都跟你们喊了 20 年了。你 20 年之前要参与的话，你会更占尽先机。所以我认为培养双师型教师，学校从上往下、学院从上往下，应该有一些政策性顶层设计。

从老师个人的转型来说，尽管在承担民航相关事务工作之前我就到不同的院系去听课学习，只要有民航课程我都去听，无论英语的还是汉语的，甚至看电视我都看民航新闻，这些都是出于个人兴趣，但是真正进步最快的还是当你上了一门课的时候。你明天就要上课，那么备课的时候提高是最大的。所以，我认为给老师安排实际的任务，可能是促使他们转型最快的方式。不管这个任务是授课类的任务，还是为行业翻译的实务，我觉得任务驱动可能是推动老师转型的一个最好的抓手。这个实务性过程中间肯定就涉及跟不同的人打交道，你获得的信息和资料也会更加实际，而不光是从图书馆获得那些文献类资料。这个与人打交道的过程，也是年轻老师成长规律中不可或缺的一部分。

我们也就慢慢地形成了一个观念：老师自己去找实务机会，学院也会尽量帮着找实务机会。但是学院找实务机会也涉及跟民航局、航空公司、机场的关系问题，比如民航局愿不愿意把实务机会给你？所以这是花了很长时间才建立起来的口碑。我们现在建立起来以后，就是到现在为止，不管是民航局还是下属的哪个司局，把任务给我以后，他们基本上不再担心我是否能做好。他们甚至今天把材料交给我，明天上午就要用，因为可能明天上午邮件就要发往美国或其他国家。所以在这些方面，我们在民航一线建立了一个很好的口碑，形成了良性循环，这方面的机会也越来越多。然而这也带来了新的问题：你的团队机会多、任务多，质量能否有保障？你接过来以后，有没有时间精力完成？你给那些想要学但学艺不精的学生或老师，能不能做好？

有很多年轻老师在民航方面的积累还是停留在表面上，不敢深挖，也没受过系统的民航培训。因此，在转型过程中，我们逐渐开始互相帮助，后来还取了一个很好听的名称——"航空外语专业学习共同体"。其实，这个名称是后来参考别人的文献后觉得这个名称好用，再去反过来对自己进行包装的，当年确实不知道我们已经形成了一个"共同体"。所以我觉得学理论还真是挺好的，就是先是自己默默地往前走，走到一定程度以后回过头来你会发现一个理论很好用，这个理论反过来又指导了我们。后来几年我们又利用虚拟教研室的平台，充分向业界的众位专家学习取经，共同建设这个共同体。这个共同体在高效运转，发挥了巨大的作用，有人负责教学，有人专注研究，还有人参与合作与互动。我觉得这个共同体是老师们转型过程中间，艰难但比较有效的一个方式。现在我们大概20%的老师有能力去接一些民航的任务。

回到刚才说的顶层设计的问题，我们学校来了一位新校长，他是航空发动机领域的科学家，对各个学院进行了大概时长半年的深度调研，把我们文科，包括外语、法学、经管和马院，定位为"特色文管"。他作为学校的总设计师，新设的这个特色文管不仅给我们指明了发展方向，也给我们提供了一个坚实的后方支撑。学校做了这方面的规划，很明显这方面将来会有资源、有机会，那咱们老师转不转型？所以说"特色文管"这几个字从顶层规划的角度上，在过去的四五年里面给了我们有力的推动，我们现在也有更多的老师跟上来了。也正是基于学校的发展规划，我们现在做事也更大胆一些了。

再举个例子。国际民航组织对中国民航实施"普遍安全监督审计"，主要审计国际民航组织的安全标准在中国、在航空运行过程中是否有效落实。这个检查所用语言肯定是英语，中国的应对也必须用英语，所以这时民航局就需要各方力量来协助他们完成检查。在这期间我们就派了大约十名老师和学生，前后在民航局陆陆续续地开展了半年多的工作。由于老师们有课，不能耽误上课，所以只能利用业余时间到民航局工作。最后民航局给予我们非常高的评价，其中飞行标准司和运输司分别给我们发了正式的感谢信。对教师个人而言，这些工作对教师的成长帮助是非常大的。所以，我们谈的双师型教师，我觉得这是一个教师个人认知和学校认知、学校政策之间不断地互动、不断螺旋上升的过程。

窦：听到您刚才对这个问题的回复，我感受到了极大的震撼，不仅包括张院长您个人的发展过程，还包括整个学院全体教师的发展以及您提的教学理念都非常前卫。我觉得张院长您能把这些困难逐个解决，真的是太了不起了。早些年，我们学院的发展亦面临着远比现在更加曲折的严峻形势。这几年我们国家出台"四个回归"，我们学校层面上就开始渐渐地转变，所以我感觉现在环境是比以前更好了，更符合实际了。另外，您提到"学校规定教师到行业去实践"，我个人觉得符合高等教育的发展需求，因为如果教师没有行业背景，比如说国际贸易英语的老师不懂贸易，只能是照本宣科，不务实，学生没有兴趣，那怎么能办好这个专业呢。所以教师的行业背景是非常重要的，有更多的老师去实习也好，去体验也好，去参与某个项目也好,虽然没有在这个行业完整地工作过,但也是通过与行业的不断接触,逐步形成了一定的行业背景。所以这一点我们是非常赞成的。当然跟教师的行业背景相关的另一个问题,就是说有些问题我们自己解决不了的话,我们也可以聘请企业导师加入。这应该就是"产教融合"或"政产学融合"。因此,想请您再就教师的行业背景和企业导师授课、指导学生情况等方面的内容详细介绍一下。

张:要回答您这个问题,我先讲一下我们的虚拟教研室情况,看能否有些启发。首先,实事求是地讲,我们一开始做虚拟教研室的初衷也只是为了申报教育部的项目。这个项目的基本要求是中西部合作,带动更多的基层教研组织等。为了撰写申报材料,肯定需要尽量整合前期成果,所以说我觉得在瞄准一个政策去写申报书的时候,也是自己在思想上成长的一个过程。后来虚拟教研室建立起来后,在"专业学习共同体"开展工作时,就需要考察有哪些人、在什么时候、经过什么样的方式学习,所以这里边就涉及了民航局的资源怎么用、外部的行业老师的讲座怎么用、咱们老师怎么互相合作。例如,您是学日语的,我是学英语的,但这不妨碍咱们围绕飞机的某一个部件去聊,这个飞机结构我们各自有什么了解。咱俩可以用汉语去交流,各自把相互吸收的知识拿回来去用到自己的课程上。当然,如果要是同一语种可能更好一些。经过这些实践我也领悟到,共同体的理念是指导实践的很好的理论武器。

人有的时候就是这样,一开始是无法清醒地认识理论的,往往是在实践中才找到理论,哪怕是在你身边的理论。我举个例子,在我们刚刚举办的语言规划学会上,知名大咖李XX教授(笔者省略该教授名字)汇报完毕,有一位年轻的博士就问:"您讲得很好,我们也想转型,那我转的话,现在是应该大量进行翻译实践,还是应该先看一些理论?"李教授的回答令我印象深刻,他说:"理论是灰色的,还是先要有大量的实践,在实践中看出矛盾所在。你能够发现问题,再带着这个问题去寻找理论。"所以我觉得理论往往是事后解释型的,或者是指导型的。这倒是符合我个人的成长过程,我原来对理论确实不怎么了解,我甚至觉得我这辈子光干实践,理论跟我没太大关系,但是我后来发现当认知达到一定程度以后,理论会有一个非常好的指导作用。所以我觉得,理论可以广泛用于老师的成长。

如果说要促进双师型教师的成长，在当下比较实用的就是利用专业学习共同体。

其次就是关于教师的行业背景。我们这里只有三四名老师是毕业于带"航"字的院校，比如说中国民航大学或者北京航空航天大学毕业。我跟老师们也说，要想真正提升你的行业背景，一方面可以到行业运营单位去实践；另一方面，很多知识是需要自学的。一定要自学！我曾经也给我们学院的老师开过民航相关课程，我发现很难坚持下去。单独给老师输出的效果有时还不如给学生输出。学生有一个很明显的特点，他们有毕业后马上将行业知识用于实践的急迫性，所以学习效果好。好多老师觉得就是业余听，听个热闹，所以进步并不快。

我后来总结了我个人认为的教师的民航行业背景提升最快的路径：第一是自学。针对某一个主题大量研读，反正老师们图书文献检索能力是足够的，时间也是足够的。第二，在学到一定程度时去接任务，一定要跟着别人做项目。有一些民航特色学院的老师有民航相关项目，比如民航翻译的工作，这时坚决要接过来，在做的过程中才知道你缺啥，你才有可能进步。你接过来你再做翻译，你做完了，拿给他去校稿，他再给你指点的时候你就又有了进步。这是第二步，也就是先进行文本学习。第三步是进行业去实习实践。但这些行业的一线单位是考虑利益和效率的。你如果啥也不会，你就到我这来实习，那就是给我添乱来的，他一般不愿意接待。即使接待也是很敷衍的，让你随便参观一下就应付了事。所以说我还是又回到刚才那句话，咱们一定要让自己从民航知识上、普遍的非文科的能力上、逻辑能力、其他能力方面有所提升，这样才能够给行业去做点实事，能帮点忙，然后他才会放心给你民航的实际任务。所以说教师的行业背景形成的第三步，是到民航实习实践，做与民航相关的实务。但我想强调的是，在这之前必须要有一些自主学习和积累的过程。

关于企业导师授课这块，我感觉我们做得还是不错的。尤其是我接任英语专业负责人、副院长和院长之后，我就开始联络在民航工作的我原来的同事、同学和好友。跟人家接触以后感触也很多，比如你在邀请他来的时候，他并不是看中讲座费，很多人其实很愿意给大学提供些服务。因此在这个过程中，我们也尽量按照人家的时间，尽量减少他备课的时间成本，在他的领域里讲什么都行。这样做的缺点是知识不那么系统，但好处是资源一下子就扩大了。所以我们举办了大量的讲座，包括在疫情防控期间，我们反正走不出去，就通过虚拟教研室请了很多学界和业界的老师在线上分享。现在基本上每个学期都不断把一些劳模、民航的运营专家请回来做讲座。

后来MTI建设提出了要有行业导师这一要求，那我们就聘请民航领域一线的高级管理人员或者高级技术人员，所有的行业导师都是民航领域的，其他领域的一个都没用。行业导师进课堂以讲座为主，仅有少数采用授课方式，因为授课的话，在程序上比较麻烦，要提交研究生院要求的各种教学材料。所以说我们稍微变通了一下，比如说连续开几次讲座，其实也达到了集中授课的目的。

在行业导师指导学生方面，除了讲座之外，我们会把学生派到导师那里，让学生自己请教学习。导师会安排一些任务，比如正在做一个项目，给你切分出一小块；也有些导师为了培养学生而单独设计一个任务，让学生去实践。这是"学生走出去"。还有一个是"企业导师请进来"。我们每年举行一次"基于行业需求的人才培养研讨会"，但是每年的形式都不一样，也是慢慢摸索，慢慢进步。有的时候就邀请人家回来集中做研讨，我们给个主题；有的时候就是没有主题，大家放开了说。比如你在自己的工作领域内，对民航人才的需求有哪些？几乎所有人的反馈都非常一致。第一，学生一定要学点民航背景知识，学得不深也没关系，但所有的学生都要学。第二，英语能力必须过关。毕竟你是外语专业毕业的，你需要能够拿你的英语与民航结合起来，给我的行业做服务、做传播。然后导师们再拿点自身的实际经验现身说法，因此每年的研讨会效果都非常好。原先这个会议每次仅举行半天时间，后来延长到一天。现在我们在想下一步怎么样将其系列化。

窦：好的，谢谢张院长，您讲得太深入了，我真的有太多的感想和共鸣。长期以来，根据国家的方针和学校的政策，我已经深刻认识到，我们日语也必须要与民航结合，所以从2018年开始我们就做相关调研，我觉得自己确实全身心投入了。但长时间以来就觉得没有榜样的力量，整体上又没有这样一个氛围，所以有一段时间自己也感觉比较松懈。直到去年听了您的讲座，看到了您现身说法，我觉得既然有高校能做到深度融合，那么我们最起码可以当作一个目标，还可以继续办下去，所以，又一次燃起了我办好民航日语的热情。可以说，每次听您的分享，我都深受感动，收获颇多。我还有一个问题。目前我们民航日语刚刚建设不久，有些课程我们自己讲不了，所以就希望能够跨院系合作，比如请民航学院的老师授课等。但是好像跨院系合作比较困难，我们的感觉是，民航学院的老师不太愿意给外语专业的学生上那些在他们看来非常低级的课程。不知道您以前是否遇到过类似的事情？

张：您刚才提到的跨院系合作这一块，我差不多能想象出来其中的困难。首先你一旦涉及跨院系，你用那个学院的老师以后，就涉及两个学院之间的一些成本，如时间成本、金钱成本等。你让他来上课，我个人认为不是那么高效。咱回过头来再想一想您的目的是什么？当我们请这些老师来上课的时候，我们想提升的是学生还是老师？我觉得对于学生来讲，更重要的是动机。他一旦发现我想学民航，其他事情就顺理成章。我上次去贵院，感觉比较大的原因在于动机上的欠缺。作为外语系的学生，将来要考研究生，而且考的是文学类，跟民航无关，所以不太想学民航。我们这儿的一部分学生哪怕考完研究生，将来还是想去民航工作的。所以我感觉对于学生来讲，更大的原因在于认知。他如果能认知认同了，外边老师授课还是咱内部老师讲，没多大关系。

当然，如果能跨院系请到教师，请坚定这么做。如果没请来也没关系，我觉得更大的一个抓手，更实际的抓手，还是本院老师。本院老师容易沟通，一旦他们认同了这个方向，以后他带着学生，就着一些飞机的基本结构拿日语来讲，那学生是不是既提高日语能力又了解了飞机构造？这中间要碰到问题就解决问题，我做老师我也不懂，我该查阅也查阅，我告诉学生我查阅的真实过程。所以这就相当于带着学生在民航领域里进行挖掘。挖掘能力本身就是外语类人才培养的目标之一。在特定领域中，能够用外语表达与该领域相关的话题、发现问题、挖掘问题、解决问题，能够通过团队合作或者通过技术赋能，最后把这个问题解决了，那人才也就成长了。当然，求职时或就业后，人家也知道是外语专业的学生，他们对学生的民航知识并没有那么多的期望，他觉得你有点基础就行。所以说我觉得可以邀请跨院系的老师参与一些，但是从实际情况来说，还是咱自己的老师更好把控一点。

从另一个角度讲，教育部的"四个回归"也好，或者很多行业化的要求也好，意味着现在国家政策确实要变了，我觉得老师也得慢慢改变了。近一两年全国外语类招生规模出现了断崖式下降。在这种背景下，只有具有鲜明特色的院系，生存能力才会比较强。以招生为例说明一下，这几年我们学院的招生热度不但没有下降，反而因为口碑逐渐打响，招生形势喜人。一些兄弟院校，比如北外、北二外、北语、复旦的老师也在各个场合帮我们宣传，也会推荐我去一些场合进行经验分享。我去分享的时候不光分享学生，也分享老师的成长之路。我觉得当下转型反倒变成了一个必然的选择。如果之前老师们认知上还不到位的话，当下必须要考虑转型问题。我们学院的口号是培养有民航特色的、复合型、国际化高端人才，民航特色是底蕴。如果去民航相关单位工作，民航大学毕业生的能力可能会超过北大毕业生。如果要是没有民航特色，民航大学的学生和北外、北航学生相比，根本就没有能力可以站在同一个平台上。这是民航特色复合型人才培养，也是我理解的"新文科"的实质要义。

至于国际化，这其实是为了提高吸引力，因为咱们外语专业要给自己找出一条路线来，那就是"讲好中国故事"，走在国际一线，做好传播。高端外语人才首先外语能力要好，其次要能够拿外语去解决实务问题。如果您觉得缺乏氛围的话，我觉得当下的"新文科"理念、"四个回归"政策，以及国家的教育改革，如全国教育大会等，这些可能已经给了你足够多的素材。应当从高处开始着手，决心进行转型，通过各种手段将这些理念去渗透给老师和学生。另外，除了认知以外，还要给老师一些扶持，这样老师们才会主动去联系一些民航的业务。贵校有几个老师我是比较熟悉的，他们都是瞄了一个点，肯定也是积累了一些具有显示度的成果了，所以他们会深挖下去。你看你们跟东航的合作，其实还是有些机会的。这样的机会慢慢地叠加起来，就形成了民航氛围。这对其他老师也会产生影响，慢慢地他们也会跟着参与进来，整个氛围就会越来越浓。

窦：张院长所言极是。我们确实有几个老师在这方面做出了点成绩，但是比较分散，散开来就没有显示度。我也曾经想过成立一个民航团队或者是产教融合中心，这样大家集中在一起做的事情可能就更有显示度，更有助于民航氛围的形成。但是我又是日语专业的老师，我也不能在这方面牵头，只能提出建议。如果领导认可，那就请他们安排去实现。非常抱歉，我想请教的问题有点多。下面想请您谈一下贵院在课程、教材、教师和教学获奖等方面我们还没提到的内容。

张：关于课程、教材、教师和教学获奖方面的情况，刚才已经提到，我们开发了一系列民航相关课程。至于教材，原来出版了几本民航专业英语系列教材，现在也继续在出。编教材可谓"一举多得"。一是在这个过程中老师们可以参与，带着老师编教材本身就可以促进教师的进步。二是出版的教材可以继续申报教学成果奖。三是在编教材的过程中，也逐步完成了课程建设。另外，在教学获奖方面，我觉得我们这种文科类学院在学校获奖非常不容易，目前获得这几次教学成果奖都跟民航相关，我如果不拿民航去做文章，其实很难。不过这反倒也是给了我更多的信心。

窦：关于授课，我再稍微请教一下。您刚才说您也在上飞行翻译的课程，关于授课内容的素材，您是通过网络去寻找，还是由民航局提供？还有一个问题，您是怎样将这些素材与主流的翻译技巧相结合，然后传授给学生的呢？

张：我原来给民航局当过飞行翻译，在这一过程中有意无意地收集了很多民航的手册和技术资料，确实很实用。不过您也不用担心，这类资料网上特别多，图书馆也一定有很多。我给学生上课的时候发现不是没资料，而是资料太多，学生不知道从哪里开始看起。所以我觉得这需要一个引导。比如说你上的这门课今天上什么内容？你大概确定几个主题？然后有两种做法，如果想省事一点，可以借用市场上现成的民航的课程和民航的教材，就其教材和课程的内容，你搬过来先用一点。这样自己在授课过程中就吸收了不少知识。

另外一个，我觉得您可以给自己规定每次课的主题和上课内容，根据主题去找资料。资料只要有一部分对应就行了，你不用太担心它是否完全对称。我自己也觉得我每年的教学资料都在变，每年都发现还有很多可以打磨、提升的地方。这是第二种方法。

第二个问题是航空素材与主流翻译技巧的融合问题。我觉得这个是稍微靠后阶段的课题了。我在最开始的时候，没有能力找出一些规律性的东西，没有拿学术的东西来解释我的行为。我也是实践型的。比如拿出一句话，我是这么翻的，你们怎么翻，你看我这么处理好不好？通过这种交流，学生通常会觉得你这个翻译好。那到底好在哪里呢？其实有的学生是在别的课上学了一些翻译理论，他可能觉得你翻得更简洁，前后更一致，等等。这样我做了很多年翻译以后，回过头来才又重新去看翻译理论，拿这些理论来包装自己。你会发现理论很多，用哪一个都行。你最大的优势还是民航翻译的实践，你的素材比较多。如果准备进入这个领域，我鼓励老师们大胆地加入。时间不用长，哪怕一年下来你就会发现能有特别巨大的成长。因为你在这一年中目标特别清晰，收集材料也很聚焦，你的特色、优势也就逐渐显现出来。

窦：实践出真知，张院长通过实践练就了真功夫，我无比佩服。另外，我还想请教一下贵院科技赋能在教学上的应用情况。

张：科技赋能在教学上的应用方面，我觉得我们现在做得不是特别好，也是刚刚开始起步。从学校层面上来讲，比如说开了一些计算机辅助课程，涉及人工智能在这些课程中的应用，但仅有特别少的几门课程。但是反倒是有些年轻老师，大概有十几个暂时在课堂上比较大面积地开始去用人工智能辅助教学，有用的好一点的也有用的一般的，所以说我觉得我们也是在慢慢地进步。除了人工智能之外，比如实验室的应用，以及基于实验室的工作坊的应用，也是科技在教学中的一种应用方式。

窦：前面我们提到了产教融合，现在能否请您详细介绍一下贵院在产教融合和实践实习方面的情况？

张：在实习实践方面，我们一直倡导"立足民航，突出特色"的理念。我们与美国普渡大学、澳大利亚南澳大学等国外高校建立了良好的合作关系，同时与空客公司、西飞国际航空制造（天津）有限公司、民航博物馆等机构共建了多个校外实践教学基地。

人才培养中，在提高学生英语语言能力及专业素养的同时，还特别强调民航特色。为学生提供多渠道、多种类的专业实习平台。我们与空客公司、AMECO北京飞机维修有限公司、西飞国际航空制造（天津）有限公司、民航博物馆、天津空管局、天津华译语联科技有限股份公司、天津赛象科技股份有限公司等多种不同类型的单位签订合作协议，共建多个校外实践教学基地。此外，我们还聘请在航空领域和翻译领域中取得卓越成绩的我校校友担任校外行业导师，就学生专业素养、职业发展路径提供咨询和指导，助力学生成为行业需要的应用型、复合型人才。

窦：请您谈一下贵院毕业生的总体就业情况以及与行业相关单位的就业情况。

张：我们在民航相关领域的就业率从来没低于过60%。我们的毕业生主要就职于各航空公司、空管局、机场等民航运行单位，以及中国商飞、中国航发、中航工业等研发制造单位，工作内容涉及手册编译、航线保障、市场营销、党群建设、地面管理、人力资源等行政职能类岗位。

在我当年毕业的时候，民航的就业率几乎是100%。极个别的情况是，一两个学生可能出国了，或者进入家族企业。到后来达不到100%是因为南航、北航、西工大等一些好的院校进入民航行业领域。这样的学生拥有"211""985"的名头以及出色的英语能力，还有各方面的素养都不错，他们想挤的时候是能挤进来的。这样我们的就业比例就有所下降了。我跟学生做专业认同讲座的时候，说大牌的竞争对手来了，咱们的民航要学得更强、更有特色，同时英语要学得更好，能力要更加多元化。即使竞争更激烈，但我们的民航领域就业比例始终占百分之六七十，从来没有低于过60%。

还有一个现象。我们不仅对应届毕业生的民航就业率进行统计，还对学生毕业七八年后的民航就业情况进行跟踪统计，结果发现民航就业率反而提高了好几个百分点。我想了一下可能的原因：一是当时有些人去读研了，我们在计算就业率的时候给他算到非民航，他读完研以后又回到了民航领域。还有一种可能是有些学生一开始没进入民航系统，在非民航相关单位工作一段时间后，凭借他在民航大学的背景、民航知识和人脉资源，最终还是转回了民航行业，后来跳槽又跳回到民航来了，而且还能获得很好的发展空间。这是整体就业的一个情况，也是我现在特别想继续把握住的方向。

毕业生初入民航系统，可能是航司的地服人员，这样的工作南航、北航学生可能看不上。但是在航司工作几年后，会不断地上升，完全可以做到高管，所以就业前景很不错。当然也有老师反驳："咱们有多少学生毕业后靠英语在民航一线工作的？"他可能是在故意刁难我。我也曾反驳说："你说全国有多少英语专业学生毕业后就靠英语工作呢？"因此我们要考虑清楚这个问题：什么才是对口就业？进入民航行业算不算对口？还是说必须从事与英语直接相关的工作才算对口？后来我们决定放宽对口就业的定义，只要是进入民航大领域，只要是为民航服务，就算对口。实际上，我们有好多学生在毕业后跳出了语言的圈子，进入了飞行、空管、航务、机务等领域，并且很多人已经做到高级管理人员，成绩斐然。所以后来我慢慢地坚定了这种想法，觉得学生最终是凭借一种工具或者很多知识的融合体去为国家服务。大学读的英语本科只是一个敲门砖。这样想来，就觉得这个方向还是正确的。

窦：从您的讲解中，我感觉到贵院为行业做了很多实实在在的贡献。能否再请您简单介绍一下贵院在行业服务或行业贡献方面的情况？

张：首先，我理解的行业服务就是日常带领老师们为行业做一些具体的工作。行业体量大的单位有大量的语言服务需求，比如翻译、排版、民航文本的本地化等。具体包括民航企事业单位的口笔译工作，民航局、航空公司、机场、空管等民航一线单位的翻译及科研任务。

从级别上来说，我们现在做得比较大的有两个。一是全国民用航空名词审定委员会，一开始做的时候没想到做这么大，但现在这个委员会已经立在这了。主任是我们校长，副主任单位包括北航、哈工程、西工大等，成员单位包括11个分委员会，比如空管、机务维修、航空器制造、航空器适航等。这个委员会参与者总共包含了185名科学家、院士、教授、总工程师、总飞行师等，我自己担任秘书长。这个项目可以说是我们行业服务的一个显著成果，而且后边要继续做下去。后来民航局就将当下正在进行的一个航空术语的规范化工作也交给我们了，这个也算是比较大的行业服务项目。

二是日常的语言服务工作，以及为民航局开展的安全能力提升项目和民航英语培训。我们比较显著的两个贡献，一是给行业输送了大量的民航英语人才，二是讲好了中国民航的故事，或者说是服务于中国民航对外话语体系的建构。这个也是瞄着民航业的发展,在大量的航空相关研究方面开始做一些成果出来。比如,我们的老师参与了高高原①机场国际标准文件的编写,对国内术语的统一化也做了大量的工作。还有在737MAX停飞事件中,我们迅速翻译了美国联邦航空局及美国国会的内部报告,交给了民航局,保证民航局针对这一问题能够迅速做出决策。类似于这些的工作我们做了不少。我认为以后我们需要把中国民航对外话语体系建设,也就是将中国民航故事继续做下去。当然咱们也可以搞合作,比如您将来如果在民航日语方面做得特别好时,我们拿到一些多语种的翻译的话,我们做英语,您那里做日语,类似这样的都可以合作。

窦:谢谢张院长,真是求之不得。当然这不叫合作,是您带动我们。另外,我之前听您提到过教育部学位中心的"中国航空业国际形象建构研究"主题案例,请问是怎么开展的?

张:我们这几年一直瞄着民航的一些领域努力工作,这些方面的材料是很丰富的。当初申报,倒不是对自己的案例有多大信心,而是觉得跟申报国社科项目一样,不管成不成先抓住这个机会。所以就把我们手里的事拢了下,看看哪些地方更能反映出特色来。然后我们团队就开始讨论,加班写材料。因为之前为民航做的事比较多,所以素材多,想法也不少,感觉写出申报书也不是什么难事。

最后,我就选了三个点。第一个例子是大兴机场。我们对大兴机场观察发现,它的对外宣传语料可以用英语进行。国际旅客的转运等就是大兴机场很好的例子,再加上官方已宣布投运,因此这方面可以加大力度。

---

① 笔者注。国际民用航空组织(ICAO)在 Doc 10163 "Manual on High Elevation Aerodrome Operations"中,将海拔在 2 438 米(8 000 英尺)及以上的机场定义为高海拔机场。在中国民航局发布的《高原机场运行》咨询通告中,将海拔高度在 1 524 米(5 000 英尺)及以上、2 438 米(8 000 英尺)以下的机场称为一般高原机场;将海拔高度在 2 438 米(8 000 英尺)及以上的机场称为高高原机场;一般高原机场和高高原机场统称高原机场。中国拥有高原机场 44 个(其中一般高原机场 20 个,高高原机场 24 个),是世界上拥有高原机场最多的国家。(具体可参:高原型飞机到底"高"在哪? https://mp.weixin.qq.com/s?__biz=MzA5NTEzNzAxMw==&mid=2650542988&idx=1&sn=c53cd7aa8924edd52cfd1a8400508c35&chksm=884b4e16bf3cc700bcf8dcd9531882de324903cfab8bc5ec4e80b465f6b8e4b2cf4ef951eda4&scene=27)

第二个例子是C919。C919要想进入国际市场，说得简单一点就是能不能卖出去，如果卖出去以后，国际上怎么评价？咱们自己又怎么评价？后来我们就找到了一个切入点，就是关于C919形象的"自塑"和"他塑"。"自塑"是中国的新闻是怎么报道这件事的，"他塑"则是国外媒体，如英国、美国的媒体是怎么报道这件事的。然后就边写申报边调查，一查还真发现了不少有价值的东西，我们发现果然存在着因立场不同而导致的各方用语不一样的情况。这样差不多就相当于催生了我们的项目、论文。

第三个例子是配合民航局做中国标准的国际输出。因为民航局也不知道我们的强项是什么，所以我们就把学界和业界的人聚集到一起开展研讨。经过几个月的研讨与摸索，发现中国在高高原机场或者叫高海拔机场的运行安全是非常厉害的。国外也不知道咱们的优势，我们也想找一个点宣传中国。最后在中国民航局的授权下，我们尝试从这个点进行宣传。后来有三四年时间一直跟着民航局做这件事，最后总算成功了，我们在国际民航组织用六种语言发布了一个文件。这相当于回过头来把案例进行包装，这个过程体现的是怎样讲好中国民航故事，怎样输出中国标准，怎样发出中国声音。从这个角度把我们做的事跟人家再去描述一下，所以就把这三个案例都归结到"中国航空业国际形象的建构研究"项目中。

围绕这个建构，我们把这三个案例逐一梳理并提交给教育部学位中心，结果他们对我们的案例非常认可，迅速给了反馈。教育部的做法是给全国的申报者进行反馈，反馈存在三种情况：第一，修改后入库；第二，修改后再由专家评审；第三，不宜入库。我们这三个案例竟然全都是修改后入库。我们按照专家的建议进行了修改，有些是形式上的，有些是内容上的，修改后又提交上去。现在均已成功入库，项目结题。通过这件事，我觉得好像又给我们的老师提供了一个思路，就是只要踏实做事，前期的工作都会成为一个有用的奠基，后面总能碰到一些机会让你施展能力。

窦：对。刚才您也提到了讲中国民航故事，这真的是非常契合国家需求的一个接地气的举动。张院长通过做实事，传播中国的好声音，让我非常钦佩。再接着请教下一个问题。现在提倡新文科，我个人感觉您这里已经做得比较成熟，融合度也比较好。您自己怎么看待？外语新文科建设总体情况及改革的成效如何？目前觉得哪些地方难以推进，或还有待改进？

张：这几年我觉得我们新文科做得不够宏观。大方向上是复合性人才培养，但是国家提新文科的初衷，是希望通过文科和理科、工科的交叉融合，产生一个新的学科名称或者一系列专业设计。专业设计方面，我们还没有做到，我们只不过是英语（民航方向），这是否算新文科还不好说。这是早些年我们就开始做的事，不是后来新文科改革改出来的。有专家就提过，拿你们的文科和你们学校的机械、空管进行深度融合，产生一个新的文理、文工交叉的专业。我觉得这点我们没做到，当下轻易也不敢做，或者说没有足够的精力、能力往前推。但是做到的有哪些呢？我觉得有课程层面、教师层面和培养方式层面。

比如说课程层面，我刚才说的"飞机与飞行（英语）"，它就代表着文工的融合。这种类型的课程我们设置得越来越多。然后授课模式上，跳出单纯英语的学习，举例来说，我们在引导学生考研的时候就不只推荐外国语言文学，还鼓励学生考新传媒，甚至有些学生考安全管理方向。因此在授课模式上，我们跟西飞国际、空客等合作很多，大量的专家请进来，学生走出去，所以说我觉得培养模式上有一些改革。

在授课内容上，我觉得是有比较明显的改革的。曾经我们也质疑过自己，我上的是不是英语课？我是 teach aviation in English，就是拿英语来教民航？还是 teach English for aviation，为民航培养英语类的人才？在技术方面，经过过去几年的思考，也通过和国内业界大咖的交流，我发现可能没有唯一的答案。反正国家就需要这样的人，每个人都是一个综合体，差别就在于你在哪方面的能力更为突出。同一个班的学生可能都有深有浅，特征很明显。比如男生的英语不怎么样，但民航方面特别厉害。女生的英语特别强，但民航方面弱一点。这样就让他俩成为一组，去做一些项目，可能产生的是互补效果。这样既改变了课堂教学模式，也改变了学生能力的输出，这方面我觉得做得还是比较深入的。

至于下一步的改进方向，我觉得是当下我们通过做实事，来让一些学界大咖们意识到我们的存在。我们请大咖来现场把脉，看我们的做法是否可行。还有一个是我们敢不敢和其他专业之间融合，既然我们学校的经管、空管也看到我们外语这几年的进步了，那咱们这两个学院能否一起研讨下，看看能不能出来一个综合体，我觉得将来这方面可以步子迈得再大一点。当然我们也不是为了交叉而交叉，为创新而创新，我们是基于实践、根据需求去创新。

窦：谢谢张院长，我觉得在新文科这个概念出台之前，您就已经在一步步进行实践了。新文科并不是凭空产生的理论，而是基于现实的需求产生的。所以您的坚守、您长期以来的实践真是难能可贵。文理文工融合能做到多深，也是走一步看一步，在实践中出结论。这是我个人肤浅的见解。那么在新文科建设中，也要不断对其评价。您认为评价新文科建设（或推进程度）的标准是什么？或者说，外语学科建设质量评价的标准、指标有哪些？如果您去评估一个学校的外语学科，在众多指标中，您更侧重于哪些方面？

张：首先对刚才您说的"走一步看一步"，我可能想的比您稍微乐观一点。昨天我跟学生们交流时就提到，有好多事，你认为它符合自然规律，你就要先干起来，别过多要求结果。我回过头来去看这些年干的事，当年因为觉得社会反正就需要这样的人才，当初我并没有太大的能力去明确专业之间的划分，那就让它模糊一点吧。当年我在做飞行翻译的时候，我也不知道我算不算一个合格的、优秀的翻译，但是很明显，航空公司就是需要你，民航局也需要你，他下次还找你。我当时就觉得需求是一个很重要的指标。

到后来随着我的学术素养稍微进步一点，我就开始给自己找依据。我跟学生说，专业是人为切割的，他们为了培养人才，短时间之内更集中注意力，把你切成了英语专业、法语专业、日语专业、空管专业……人到社会上一定是个综合体，我觉得你的学习应该是多维的，英语人学点民航，民航专业的人学点英语。包括我身边的飞行翻译，他们也的确是这样。我们的飞行翻译有两类人：一类人就像我这样英语背景出身，然后花了不少精力学了些民航知识；另一类是民航专业背景的，在大学的时候通过了四六级，英语不错。结果我们这两类人殊途同归。

关于改革，这是必须的。无论是否面向民航领域，您需要调研学生对民航就业的需求，甚至是否存在更高的需求，例如航空制造业或航空学术英语。如果不是民航领域，是否还有工程领域的需求？经过探讨之后确定一个方向。现在咱们面临这么大竞争，可能每一个外语类专业的改革都势在必行。

刚才说到的新文科，我发现我们一步一步走，一直在稳步前行，每出台一个新的国家政策，我都能与时俱进、满足现实需求。"金课"政策出来的时候我能靠上去，"新文科"出台后我也能靠上去，就是专门用途英语我也适合。包括现在常说的 CBI，就是以内容为依托的授课，我们也吻合。我感觉这中间只是幅度的大小而已，本质上还是一回事，到最后一定是能融合的。

这可能也回答了新文科建设的评价标准这一问题。我觉得首先在面向培养目标的时候，咱要考虑培养什么样的学生。学生是复合型的，能够靠他学到的各种知识，依托各种能力，不管是语言还是非语言的，给社会解决实际问题。所以学生培养的达成度，可以看作其中的一个评价标准。这个达成度可以细化为多项具体的标准，比如说，学生服务于社会实践，他的能力有哪些？诸如知识能力、语言能力（包括理解力和表达力）、逻辑分析的能力等。逻辑分析能力上有很多文科老师和学生可能稍微差一点。然后是工程能力。以前我对工程能力的理解比较肤浅，其实工程能力可以指怎样通过结构化的思维，把一件事圆满完成。

概言之，新文科建设质量的评价标准可以从人才培养的达成度、课程设置、教学内容等方面进行评估。具体的指标，比如多少学生跨专业就业？是否有一些复合性的奖项或成果？我们获得的教育部学位中心的主题案例就可以算作一个指标。因为这个主题案例肯定不光语言专业在用，其他专业也在用，那么也应该算作指标。

窦：谢谢张院长，今天我要请教的问题就这么多。张院长从专业建设、人才培养、教学方法、教学管理、团队建设还有个人成长等多个方面做出了专业的解答，给我们提供了很多宝贵的经验。不仅如此，我们对新文科建设、服务于国家战略的学科建设、行业特色院校的办学理念，以及中国民航故事的国际传播方式等方面也有了新的认识。可谓"听君一席话，胜读十年书"，张院长不愧为院长中的女中豪杰，能够有这样请教的机会，真的是太荣幸了！再次向您表示衷心的感谢。

第四节

区域特色"部省合建"综合性大学

【研究对象】

海南大学外国语学院

【人物简介】

金山,博士、教授、博士生导师,曾任外国语学院院长(2015—2024年)。国务院特贴专家、海南省领军人才、海南省有突出贡献的优秀专家、宝钢教育奖优秀教师、海南大学(合并后)首届十佳教师。主要研究方向为:(1)中日文化比较研究;(2)海南民族问题研究;(3)外文海南文献研究。先后主持国家社科项目等各级各类科研项目20余项,在国内外学术期刊及国际学术研讨会上发表论文50余篇,出版各类著作7部。获海南省哲学社会科学优秀成果二等奖(论文)1次,三等奖(编著、论文、研究报告)3次。

主要社会兼职有:全国教指委日语专业分委员会委员,海南省外语类专业教学指导委员会主任,海南省翻译协会会长,华南地区日语教学研究会常务副会长,中国日本史学会常务理事、副秘书长,中华日本学会常务理事等。

【访谈内容】

本书作者(以下简称窦):金院长您好。百忙之中打扰了。之前我在学会上听您做过关于新文科建设的演讲,感觉贵院的外语学科在服务国家战略、服务区域经济发展方面做得非常深入。一个外国语学院能做到这种程度,让我感到非常震惊。所以今天想请您再详细介绍下贵院的做法,包括对于人才培养的经验、效果等。

金山教授(以下简称金)：感谢您的认可。我们只是根据学院发展的需要做了一些事而已，不管您有哪方面的问题，我都会毫无保留地介绍一下我们的做法。那我先从学院原有基础及所具备的基本条件说起吧。

在2015年前后我们的家底非常薄，全院180多人(教工近160人)，其中教授只有6人，拥有博士学位的教师只有13人。从2004年外国语学院成立到2015年年底，我们只拿over两项国家社科基金项目，全院教师的年均C刊论文产出数量不足3篇。我们只有英语语言文学一个二级学科硕士点，外国语言学及应用语言学硕士点还在旅游学院，所以那个时候我只能在旅游学院带研究生。当时我们的翻译硕士也只有英语笔译和英语口译两个方向。总的来说，我们的家底确实是非常薄，资源匮乏。

早期我们对学科建设的重视确实不够，所以在2015年年底我们就提出要申报一级学科硕士点，而且以后还要申报博士点。但当时遇到了较大的阻力，有人说你们学科太弱，把大学外语做好就行了。但我们有这么多专业老师，不搞学科怎么能行？不搞学科将来肯定没有出路。所以我们经过研讨决定直接奔着申报一级学科博士点开始布局。当然比较遗憾的是，直到今年也没有申报成功，因为今年要求增加到四个语种，而我们只有英日俄三个语种，就没法申报。所以从整体上来看，改革的动因就是因为家底薄，我们要背水一战，改变这种局面。

另外，我们也曾把整个外国语言文学学科大环境做了梳理，当时外国语言文学的C刊全国只有11种，后来北外的《外语教育前沿》成了C刊后，到今天也只有12种。另有外国文学6种，日语方面为零，俄语相关的有两种，即《俄罗斯文艺》和《俄罗斯研究》。当时我们也统计了其他学科，比如经济学75种，管理学29种，历史学27种，如果再加上考古学7种，共有34种。我们还特意就历史学做了一个调研，全国高校的历史学教师只有1万人，但是相关C刊杂志居然有34种。而高校外语老师大概有20万(本科高校8万、专科高校12万)，杂志却只有18种。外语教师的处境确实非常艰难。

但我觉得我们既然在这个行业里生存，该做的事还要认真做，要想有改变就必须认真分析内部和外部的形势。在这之前，我仔细研读了包括

《美国 21 世纪外语教学标准》和《欧洲语言共同参考框架》等几个文件。当时我提出了一个问题：是时代抛弃了我们？还是我们远离了时代？为什么我们现在发论文这么难？经过认真思考，我得出的答案是：我们自己在远离时代。因为 C 刊的评价标准我们不清楚，我们写的文章不过硬。这就是我们当时的情况。

当时我们学院有几个老师是做翻译实践的，水平确实值得认可，但研究做得不够。因此我们第一次报一级学科硕士点的时候，还是靠传统的语言学和文学，翻译方向拿不出可支撑的材料。2012 年教育部提出要搞区域国别研究，2013 年就开始落实，搞了一批区域国别研究中心，我们学校当时也是上了两个。2013 年，第六届国务院学科评议组就把区域国别研究放到外国语言文学里，这样就扩大了外国语言文学的研究方向，从过去的三种变成了五种，包括跨文化研究。

我觉得在传统的语言文学领域，我们的确比不过综合类强校和外语高校，所以我们就提出要改革。改革初期其实也面临着比较大的阻力，有老师说"金老师不务正业"，这也给我一个刺激——一定要做出一点像模像样的东西来，改变我们落后的局面。于是我提出了"主战场＋特色战区"的做法。主战场是指传统的语言学、文学，还有翻译学，特色战区是跨文化研究和区域国别研究。如果某个老师能在主战场上做得好，那可以不用改。但是如果做不下去的话，为了将来个人的发展也好，为了学院的发展也好，还是要转型。

要想转型，首先要分析当前的形势。当时我们认真分析了中国面临的社会大环境，比如说我们内政是讲中华民族多元一体，我们的外交是讲人类命运共同体，内政和外交在任何一个国家都是分不开的。二者都需要在多样中求和谐，在差异中求统一。所以我们认为文化的多元共生是时代主题，而这种文化的多元共生，外语人是最擅长的。因此我们思考的结果是：时代需要外语人，需要外语学科。所以在这一点上，首先我们树立了自信。同时由于我们学校 2007 年进入"211"，2015 年进入世界一流学科建设学校，我觉得作为海南省唯一双一流高校，必须在这方面有所作为。

窦：那是怎样定位到"外语＋公共外交"的呢？

金：这就需要考虑海南的地理环境和经济环境了。2010 年国务院提出把海南建设成为国际旅游岛；2013年国家把海南定位为"一带一路"的桥头堡；2018年习近平总书记在海南建省办特区30周年大会上的讲话中提到了建设国际自由贸易试验区；2020年又进入了全面建设自由贸易港时期。

另外，海南省在国家的外交体系当中占有非常重要的地位。比如说博鳌亚洲论坛中非合作圆桌论坛的永久会址落户在海南的万宁；澜湄合作①首次领导人会议是在三亚举行，会上发表了"三亚宣言"；中国的公共外交基地第一家落户在海南的博鳌；另外还有一个，中国除北京以外的第一场正式的外交国事活动是在海南举办的。2008年4月，胡锦涛在海南三亚喜来登宾馆接见了来参加博鳌亚洲论坛的四个国家的元首，这个国事活动在世界上引起了非常大的反响。当然也有人说，过去毛主席、周总理都曾经在北京以外的地方接待过外宾，海南怎么可能是第一场？为了确保信息的可靠性，我们认真做了调研，得到的答复是这么说没有问题。因为我们说的正式的外交活动，是把三军仪仗队、礼炮都带过来进行的外事活动，确实是在海南举行了第一场。再有，海南一直是国家改革，即对外开放的制高点。因此近年来，无论是自贸港的建设，还是国际交流活动的举办，均需要一大批复合型外语专业人才。海南大学外国语学院应该有所作为，有所贡献。

在这样的背景下，我们在2016年提出了构建以"外语＋公共外交"为特色的、多学科融合的人才培养新模式，将学院改革目标确定为"于特色中求生，差异化发展，建设特色鲜明的外国语学院"。2020年我们申请第一批新文科建设项目时，很轻松就获批了，因为我们当时已经有了较为深入的实践。

---

① 笔者注。澜沧江—湄公河合作的简称。2016年6月23日，由中国、泰国、缅甸、柬埔寨、老挝、越南六国领导人在三亚召开首次会议，会上发布了《三亚宣言》，提出将在"领导人引领、全方位覆盖、各部门参与"的架构下，按照政府引导、多方参与、项目为本的模式运作，旨在建设面向和平与繁荣的澜湄国家命运共同体，树立以合作共赢为特征的新型国际关系典范。其愿景为：政治安全，经济可持续发展，及社会人文三大支柱方面互助合作。意在共同促进澜湄沿岸各国经济社会发展，增进各国人民福祉，缩小本区域国家发展差距，支持东盟共同体建设，促进南南合作。

窦：你们的决策非常具有前瞻性，眼光非常准，充分考虑了国家的需求。我觉得学科建设的前提应该是问题导向，即首先要考虑因何建设，要解决什么问题，必须目标明确。金院长主动进行改革，这的确需要眼光和魄力。

金：谢谢。确实我们是主动改革。我们原来是最边缘化的一个存在，有些领导一直说，你们把大学外语做好就行，但我始终觉得我们学科的主体地位不在大学外语。尽管大学外语对我们来说非常重要，但是我们一定要有自己的学科，要不然我们没有地位，所以我们一直是坚持要搞学科。

窦：金院长为学科站位，值得我们学习。另外，除了"外语＋公共外交"，好像还有传播学及国际关系方向，能否请您介绍一下这方面的情况？

金：好的。说实话，传播学方面的体系化课程，包括国际关系学方面的体系化课程我们没有开出来。我们把另一个学科所有的课程都开出来，这不可能。但我们确定了学院的核心课程：一个是公共外交与跨文化交际，一个是中国传统文化，一个是海南地域文化；另外还有外交礼仪，以及区域国别研究等专题课程。总的来说，我们的做法是，改革传统的外语专业课程体系，在语言、文学、翻译、文化类课程之外，逐步增加区域国别类课程；在公共外交类课程中增加传播学、国际关系学等相关学科内容。

这些课程开得比较灵活，因为现在外语整体的学分数越来越少，而且砍的全是专业课程，所以我们建设特色课程时全部采用分专题授课的形式。我们给学生讲一些基础知识，启发学生的思考，引领兴趣。比如说，我承担的"公共外交与跨文化交际"以及"海南地域文化"课程，里边就有日本媒体中的中国形象专题，其中涉及很多传播学的知识。另外，"中日跨文化交际"课程也涉及传播学和国际关系的一些知识。其他老师承担的课程也一样，就是通过这种专题来增加其他学科的内容。但是要说是系统的传播学的课程整个开出来，不太可能，我相信其他学校也开不出来，因为我们毕竟是外语专业。但是我们学校现在实行全员学分制，学生可以任选全校所有的课程，我们会主动建议学生去选哪些课程。另外，我们这有国际传播学院，但是没有国际关系学院，只有国际关系方面的老师，我们也请其他学院的老师来上课，甚至包括文学院、马克思主义学院的教师。

我们还有一个公共外交青年领袖冬令营，由几个学院一起运营。最初是和中国人民大学、北京外国语大学联合运营的。这对我们开展"外语＋公共外交"的改革也很有帮助。记得最开始改革的时候，心里也没底，包括公共外交类课程，上什么合适？学院开始一个重大改革，一定要非常谨慎才行。当然我们也想到了对策，那就是遇到难题就请高人。所以我们几次邀请中国公共外交研究的开创者、时任人民大学新闻学院名誉院长的赵启正先生亲自来校指导。赵先生曾任中共上海市委常委、副市长，中共中央对外宣传办公室主任、国务院新闻办公室主任，也做过国务院新闻发言人、全国政协新闻发言人，中国的"公共外交"概念就是他提倡的。所以我们多次请他前来指导。其他也请了好多人来，一是请他们做讲座，给我们普及公共外交知识，二是跟他们探讨我们该讲哪些内容。所以我们的起点还是比较高的。

我们最开始的设计是比较谨慎的，后来的发展比较顺畅，没有出现差错，胆子就大了一些。我一直认为尽管是摸索着做，但不能漫无目的摸着石头过河，一定要有理论支撑。这么大一个学院，如果出现方向性错误，将来再重归正轨将是非常困难的事，那样的话我就会成为"历史的罪人"。所以谨慎加正确的理论指导，总算顺畅地走过来了。

窦：金院长既是设计者，全面统筹协调，又亲自参与课程授课，所以整个方向把握得非常精准，感觉进展比较顺利。刚才我听您提到了关于主题讲座的话题，这样就可以开拓学生的视野，激发学习兴趣，引导他们自主学习更多知识。我想引领作用还是非常重要的。

金：对，我们特别重视学术沙龙的作用。所以我在做院长一个月后就推出了外国语学院第一场学术沙龙"南冥坛席"，现在已经开展了157期，内容非常丰富。最早在疫情前国际交流还是比较频繁的时候，我们也邀请了一些外国学者参与，后来以中国学者为主，也包括我们自己的老师，基本上两周一次的频率。海南日报社还专门给我们做了一期专访，叫"跨越地域的思想碰撞"，就是专门介绍这个学术沙龙的。其实在综合性大学里，我觉得我们的优势就是可以给学生提供各种各样的知识，便于学生在其中发现自己的学术兴趣,拓宽学术视野。可能综合性大学的好处就在这里。

窦:各种学术沙龙再加上相关课程,整个学院就呈现出了一个公共外交的氛围。学生在这样的氛围熏陶下,就会自然而然地想将来我是不是要朝这个方向发展。这也是一个非常好的引领作用。

金:对,是的。制造氛围是非常重要的。其实我刚开始改革时,好多人都不相信,他们觉得根本做不到。在具体做法上,我们按照"二八定律",就是抓住20%的人,他们可以产出80%的成果。所以我们刚开始就搞了一个公共外交群,严格挑选了30名老师,但是后来又有一些老师非常有兴趣,强烈要求加入,我们就再增加了一些。我开玩笑管他们叫"博导",我说未来你们就是我们外国语学院的第一批博导。后来果真如我所料,这批人产出的成果非常多。我们学院的"十三五"规划任务是五年一项国家社科以及11篇C刊论文,结果我们五年拿了12个国家社科项目,发了40多篇C刊论文,所有的任务都超额完成了,这算是给学校有个交代。成果产出的主要增长点都在学科交叉这一块,所以整体上看效果比较理想。

正如您所说的,整体氛围非常重要,对于学生来说,在这样的氛围下,心气起来了。包括第二课堂,我觉得我抓得比较好,因为刚才也说了学分减得越来越厉害,第一课堂满足不了要求,那我们就做第二课堂,这也是我们最大的一个特色了。因为海南这个地方有其特殊性,就是各种赛会特别多。像我们的学生参与博鳌亚洲论坛志愿者活动,会直接参加政要的接待活动,这里边处处都是公共外交。当时海南省文旅厅还曾专门到我们学院给我们颁发了特殊贡献奖,因为我们是志愿者第一大来源单位。另外就是我们提出建设公共外交之后,所有的学生实习实践活动要和公共外交挂钩,这里面涉及中国形象调研。我们就把学生派出去,我们虽然经费不多,但是还是花了一些钱。刚开始第一站我们去的柬埔寨,最初没有那么多成熟的想法,两位辅导员带着几个本科生就去了。但是后来我们觉得既然做了,就一定得做得专业化、体系化。所以我提出每个团队必须有四种人。第一种是专业教师做专业的引领指导,包括他们的调研题目,头几期我要亲自审核的;第二种是辅导员做后勤保障和思想保障,这个不能出问题；第三种就是一定要有本科生，同时即第四种是一定要有研究生。这样便保障了学生只要感兴趣就都可以出去。经过学院师生的共同努力，形成了非常有显示度的成果，就是我们的本科生和研究生都可以参加学术会议发表，因为他们有一线调研的基础积累。当时我们的调研报告摞起来大概能有20公分高，所以我们也拿了很多奖，包括去年我们的"一带一路"公共外交调研项目还获得了国家的暑期社会实践奖。

窦：您带领学院老师做了这么多深入的工作，真正做到了跨学科融合。不过，我一直认为学科交叉融合需要跨院系合作。但从贵院实践来看，似乎在学院内部就实现了相应的功能。

金：我们的跨院系合作虽说有一点，但做的并不够。因为从我们的实践来看，也就是在传播学和国际关系这一块，我们本身有一两个老师在做，他们是专业的。当然我们也一直在学习，比如传播学的理论，所以我们内部资源共享基本上可以满足正常的教学要求。当然如前所述，校级合作、利用外部资源还是有一些的。总之，只要能补足我们的短板，能为我所用的一切力量，都可以加以有效利用。

窦：谢谢金院长，这对我有很大的启发。那么在教师科研能力的提升方面您做了哪些工作？您对"教研相长"是如何看待的？又是怎么促进的？

金：我觉得科研必须反哺教学。一方面，我们构建中国文化课程、公共外交课程、海南地域文化课程、区域国别课程、社会实践课程等教学团队，以满足新文科建设的发展以及复合型人才培养对学生综合能力的需求。另一方面，积极推进教学与科研的有机融合。如前所述，我们尝试改变传统的"一名老师讲一门课程"的做法，将课程分成若干专题，每位教师根据自己的科研特长与兴趣，选择一个专题授课。

对于教师的发展，我们采取过几种办法。第一是部分教师的科研转向，尤其是原来没有固定科研方向的教师。这些老师在读博的时候，我们会建议他们做科研转向。所以我们现在一共是26位在读博士，有好几个老师就是直接转向，去国际关系或其他学科了。

第二是部分老师的研究领域拓展，就是说他原有的基础主轴不变，但是要往前发展一步，拓展一下研究领域。我们给想要从事这方面研究的老师优先提供学习机会，包括海外研修的机会。第三是根据需要引进符合需求的老师，这个我们一直在做，比如最近就引进了一个 C9 学校国际关系学的一位老师，有国家社科项目，到我们这里直接就认定副教授了。我们也引进了历史学、文献学方向的老师，这些老师还是起到了不小的作用。

另外，我们在改革之初考虑了怎样快速产出一批研究成果，那就是通过奖励。不管是不是 C 刊论文，只要发一篇公共外交论文，那就给一定额度的奖励。当然我没办法直接发钱，不过可以支持调研费等。这样做很快就产生效应。尽管当然整体水平不是特别高，但是有了前期的成果，就可以报项目，要不然什么都没有，报什么都不行。可以说，我们围绕一个目标，想尽了各种办法。

一般来讲做科研基本是三种导向：一个是国家需求，一个是个人兴趣导向，一个是企业需求。那现在国家有需求，我们就必须有回应，我们摸索着做，先行动起来，再逐渐地完善。所以总要迈出第一步。不可否认，有的时候确实想得不是很周到，但是我们尽量争取在做之前把问题想周到，所以我们请了好多国内的大家，包括国务院学科评议组的成员，请他们为我们把关。作为学院的重要改革，我们请教了好多人才之后才决定要做，这个还算是挺谨慎的。

为了更好地促进教学与科研的结合，我们组建了五个团队，其中有三个教学科研团队，既从事教学，也从事科研。这种专题制授课，最大的好处就是教师的科研成果可以体现在教学里边。在教学中发现问题，然后通过科研去解决问题，把教师的教学和科研有机联系起来。一个教师讲一个专题，那就要把这个问题讲深，那就多思考这方面的问题，多去调研，所以这一点相对来说我们可能做得比较好。

除了这三个教学科研团队之外，我们还组建了一个外文海南文献研究团队和一个海外舆情研究团队。研究还是要靠团队，没有团队不行，我一直讲还是要做有组织的科研。包括后来我们做的区域国别研究，我自己拟了几个题，然后让老师们去认领，谁愿意挑头，谁就负责组织申报一些项目，然后我们根据成果进行奖励，比如说你产生这个领域的成果，那在认定科研成果的时候，乘 1.2 系数，甚至可以增加到 1.5。所以还是重在设计。当然我们做得也不是尽善尽美，整体上看并不是发展得很平衡，还远远没有达到我们的期望。我们整体实力跟你们南京的那些著名高校相比还是差一些,江苏本身就是文化高地,老师们的水平普遍较高,这个我一直也在关注。

窦:我深深感受到金院长对学院的感情、投入以及工作的力度。金院长提出改革,投入经费,老师们执行,卓有成效。我十分佩服。刚才您也提到了,专业教师、辅导员及学生组织组成海外调研团队,除了这方面,贵院的产教融合、学生的实习实践还有哪些?

金:对,这个是我们必须要做的。就是说,学生要参与我们的整个研究过程,我们要通过研究达到育人的目的。比如说我们的舆情研究以及历史文化研究,不管是本科生还是研究生都有参与。有些书籍翻译也带着学生做,包括像火野苇平,他写了《麦子与士兵》、《土地与士兵》和《花儿与士兵》三部曲,这是一般日语学习者都知道的。但他有一本不太被人重视的书,叫《海南岛记》,我带着三个学生把整本书翻译出来了。所以我觉得主要是通过科研、教学,包括教学辅助,达到育人的目的。当然在实践过程中我们也发现一个问题,这种形式它的普惠度不太高,并非所有学生都能参与。但我们是给大家机会的,只要你愿意参加就有机会。日语专业研究生参与的比较多,英语专业研究生因为人比较多,参与学生的比例相对较少。

再有刚才我说过,海南有其特殊性,赛事赛会非常多,我们就大力推进第一课堂和第二课堂的有机结合。通过选拔学生参加海南博鳌亚洲论坛、环海南岛国际公路自行车赛、环海南岛大帆船赛等活动,激发学生学习外语的积极性,达到学以致用的目的。加上刚才说的派遣由专业教师、辅导员、本科生、研究生组成的"一带一路"国家公共外交调研团队出访多国进行调研,这些年我们的社会实践活动共获得40余项国家级奖项。成果受到国内媒体的广泛关注。

窦:谢谢金院长。听您的阐释,我推测老师们授课一定很有特色,也有现实意义,教学竞赛也肯定会获奖。这些方面请您介绍一下。

金:比如说我牵头建设的"海南地域文化"课程,其他学院的老师也觉得很吃惊,你们外国语学院怎么还能开出这样独具特色的课程。的确,在海南省 20 多所高校里边，我们是第一个开这门课的。但是因为没有教材，我们都在摸索着做，教师间也经常交流。然后我们也到处去做调研，比如说像苗族的信仰问题，是非常特殊的。苗族人既有原始的宗教信仰，又有很多人信仰基督教，为什么有这样那样的信仰？我们围绕这些问题做了好多调研，因此这个课上得还是比较生动，学生满意度也比较高。还有"海南红色文化"课程，老师们基于调研，事例是鲜活的，学生们也有兴趣，课程有爱国教育意义，这本身就是立德树人和课程思政的典型。"公共外交与跨文化交际"和"海南地域文化"还没有教材，我们刚把《海南地域文化》这门课的教材的体例做出来了，马上要正式编写，我想很快就可以编写出来。总体上看，教材我们编写的不多，现在正在加大力度从事这项工作，这也是我们应该补足的短板。

教学获奖方面，"公共外交与跨文化交际"这门课获得海南大学教学成果一等奖，但遗憾的是没有推出学校。因为我们的理工科太强了，那年出校的只有一个文科的。因为我们不是博士点单位，那个出校的是拥有博士点的法学院，但是我们拿了海南大学一等奖，算是一个小小的回馈吧。还有我带头申请的海南省"十三五"教育规划的重点课题以优秀结项，还是获得了一些认可吧。另外我带头的《公共外交与跨文化交际》导师团队获得海南省优秀导师团队称号，另外我自己两次获海南省优秀论文指导教师奖，包括我们的"公共外交与跨文化交际"课程去年被教育部 MTI 教指委列为在线示范课程课程。总之还是获得了一些奖项。

窦：每一份成绩的取得都来之不易，金院长的贡献太大了。另外前面您也提到国外学者讲学一事，请问主要是怎么做的？

金：那我就谈一下国际化办学的情况。当时的背景是，学校有个办学理念，一个一级学科下面不能超过三个专业。因为我们要申报博士点，所以英语语言文学是不能砍的，日语语言文学和俄语语言文学也不能砍，那就只能砍商务英语了。但是我觉得太可惜了，我一直认为商务英语是可以直接对接海南自贸港建设的。所以我们只好另辟蹊径，推行海外办学。我们引进了英国爱丁堡学院的商务英语课程，嵌入到英语专业课程里。原计划总共 14 周课程，10 周线上课程，4 周线下教学。英语专业招两个班，这两个班的学生同时学习中英双方的课程。当时一年费用是 200 万，这个费用是省里直接支持的。当然其中也经历了难以想象的挫折,要安排上课的时间,而且还存在着中国和英国的时差等问题,确实是为这件事情费了好多心血,然后实际操作、落地实施,整个过程太难了。

疫情过后,也就是我们实施到第三年,现场教学才真正实施。2023年1月放开,3月海大校园里一下子就多了八名英国专家,他们都是大学教授,当时很壮观。我们做了三年,效果非常好。参与项目的学生没有经过任何的商务英语培训,但 BEC 中级过级率一次性达到 98%,学生参加海南省翻译大赛几乎包揽前几名。海南电视台两次报道这个项目。你可以看我们学院的网站,有海南电视台对我和英方负责人的采访以及课堂考察。

但可惜的是,这个项目生不逢时。疫情后经费难以为继,所以就夭折了。这三年,培养了 150 名学生,我相信他们未来还是会对海南自贸港建设发挥一定的作用。当时我们提出来的目标是就业率加考研率达到百分之百。然后我们从一年级寒假就开始每个假期都把他们直接送到企业里边去实践,直接参与行业实习,所以那几年,老师们的干劲很高,我们跑了好多企业联系实践事宜。我一直坚信这是一个非常好的项目。

我们砍掉了商务英语,取而代之的这个项目在一定程度上起到了商务英语方向的作用。但因为刚才说过的一些原因,这个项目结束之后,就等于商务英语方向彻底没有了。我每次想到这件事都觉得很伤心。

窦:国家也重视高等教育的社会服务功能,要发挥高校的智库作用,要与行业企业连携,而不是搞象牙塔式的教育,脱离了社会需求的教育是办不长久的。您能再总结下贵院的社会服务吗?

金:总的来说,我们积极发挥高校社会服务功能,重点服务海南自贸港建设。第一是发挥高校咨政启民的智库作用。我们组建由教师和研究生参加的海外舆情研究团队,搜集英语国家和日本、俄罗斯媒体关于海南自贸港及中国南海问题的报道,利用话语分析理论与方法进行专业分析。第二是助力海南历史文化研究。

首先从科研上来讲,我们主要做两块,一个是做外国海南文献整理研究。我们从 2006 年起每年都去日本收集资料,有时一年多达三次。文献调查是有瘾的,每年都有新发现。我们现在收集到的历史文献研究的资料,跟海南有关的大概是 3 000 万字左右，然后还有 300 多张照片，产生了一定的影响力。2014 年人民网一天同时四五个频道在转载我们的研究发现，所以说社会认可度比较高，显示度也比较高。

外国海南文献研究的背景是，海南从地理上是孤悬海外，政治上远离中心，所以中央话语关于海南的记载是非常少的。而且，在海南学者的努力下，中文的文献，包括文人笔记，基本上都已经一网打尽了，就是很难产生新的东西。我们都知道，历史研究一是靠考古，二是靠文献发现。如果没有新的发现，关于海南的历史文化研究也就很难有大的发展。过去有学者写的海南史，到了近现代使用的还有一些口述史资料。口述史当然重要，但它毕竟需要文献来做支撑，来印证。国内根本没有这方面的文献，但我注意到日本有些相关文献，所以就去搜集。后来也带英语老师做英语国家的，俄语老师做俄罗斯的。所以外文海南文献研究领域我们是最强的，我们的成果也最多，获奖也多。

另一个是 2018 年 4 月 13 日习近平总书记的讲话，要建设海南自由贸易试验区，当时第一步是建立试验区，然后逐步发展，最终建设世界最大的自贸港。其实我们关注海外媒体怎么报道海南的问题，但是一直缺少契机，所以"413 讲话"一出来，我们迅速抓住机会，组织人员行动起来。5 月我们就推出第一期"海南自由贸易试验区海外舆情"。后来就是根据南海局势发展，我们又加了"南海舆情"，每个月出两期。但是到最近两年因为精力不够，做得很辛苦，就改成两个月一期，但是这样时效性比较弱，最后就不定期了，只要有新的发现，我们马上就临时出，几天内就做出来。可以说，海外舆情是我们的又一个特色。

后来我们从社科联获批了海南省重点研究基地，叫"外国海南文献舆情研究中心"。这还是社会服务。我们的每一个研究，我们拿出来的一些文献是过去没有被发现的。一些史学界的知名学者也认为研究很新鲜，是他们过去没听说过的。我本人也被吸纳到日本史学会，担任常务理事、副秘书长，也算是填补了海南省的一个空白吧。

我们在服务海南文化发展这方面确实做了一些实事。比如说我们翻译的一本"日本人关于海南黎族研究"的书籍，名叫《黎族三峒调查》，内容是关于海南岛黎族的社会组织和经济组织。这是日本非常有名的学者尾高邦雄写的，他是战后日本的第一届社会学会会长，也是日本第一次社会阶层与社会流动调查的主持人，是涩泽荣一①的外孙。这本书现在被黎族研究界评价为海南黎族研究的必读之作。所以我们还是做了一些东西，包括日本侵占海南岛的史料，我们搞到了劳工名单，以及当时从海南岛邮到日本本土的明信片等。所以这也是服务地方文化发展。

舆情方面的研究报告批示也算比较多，但比较遗憾的是还没有获得国家领导人的批示。总体上看，我们觉得，要跟自己比，算是有了很大的发展。我觉得高校以后要服务地方，必须要做咨政、启民、发声，这样的工作是非常有必要的。

窦：对。高校的社会服务功能还是非常重要的。虽然之前也看过您的文章，但我听了您的经验介绍之后，感动感触真的是太多了。学科建设首先要有您这样的视野，然后找准定位，接着要靠实干。我觉得金院长真是实干家。

金：虽然苦难，但这些年我们还是坚持下来了。当然从给我们的回馈来说，就是获了比较多的奖，包括去年的社科三等奖。不过我们主要的目的是服务，至于获不获奖，那是顺其自然的事。虽然对我们也很重要，但是有的时候是可遇而不可求。

窦：我真的觉得您所做的都是实打实的工作，像刚才您提到的史学界大专家的研究，那可能更多是思想上的、理论上的研究，这是通过一线调查、弥补史学空白的研究。前面您也提过通过科研助力教学，最终达到育人的目的，那作为育人成果的检验之一，学生的总体就业情况怎样？

---

① 笔者注。涩泽荣一（1840—1931），日本江户时代末期到大正时代的实业家。拥有"日本企业之父""日本金融之王""日本近代经济的领路人""日本资本主义之父"等桂冠。1868 年创立日本第一家银行和贸易公司。1869 年到大藏省任职，积极参与货币和税收改革。1873 年因政见不合辞职。后任日本第一国立银行总裁，十年后创办大阪纺织公司，确立他在日本实业界的霸主地位。他的资本渗入铁路、轮船、渔业、印刷、钢铁、煤气、电气、炼油和采矿等重要经济部门。1916 年退休后致力于社会福利事业。
涩泽荣一是将《论语》作为第一经营哲学的人。他的著作《论语和算盘》总结了自己的成功经验，阐释了儒家的忠恕之道。日本于 2024 年 7 月开始发行的新版一万日元纸币上印刷的就是此人的头像。

金：这也是我准备要重点介绍的。首先我们的日语生源很好，就前年的数据来看，生源质量全校排名第一。我们生源质量的评价标准是在全省排名前5%—10%的学生所占的比例，所以我们日语专业的排名还是非常好的。根据第三方的调研结果显示，日语学生在毕业五年以后对在校期间教学的满意度方面，我们排全校第一。日语的就业率在全校的85个专业中始终是排在前五名，俄语也不错，英语因为人数多，困难稍微大一些，但是我们整体上就业率始终是不错的。尤其是疫情之前，我们一直在全校排前五名。疫情之后，尤其是教培行业受到冲击之后，对我们带来了一定影响，因为我们原来有相当一部分学生去教培行业做老师。但是整体还是不错的，去年是86.5%的就业率。然后考研率，我们日语的考研率也一直是排在前面，日语专业去年的考研率大概是35%左右。

学生的就业趋势，以日语专业学生为例说明的话，原来去日资企业的比较多，最近这些年因为日资企业大量转移到东南亚去了，所以最近这些年日资企业就业人数有所减少。

窦：这个主要是靠金院长的影响，火车跑得快还得车头带。这次访谈的主题是新文科，您认为贵院外语新文科建设总体情况满意度如何？交叉融合的深度如何？哪方面比较好？哪方面还有待改进？哪方面难以推进？

金：我们的英语专业和日语专业都是国家一流本科专业建设点。从建设的整体情况看，我觉得还可以，因为我们学科一直在发展，我们的排名始终在往上走，在软科排名也在往前走。

再有我觉得我们的公共外交的第一课堂和第二课堂的结合做得相对比较好，但是交叉融合的深度确实不够，就像我刚才说的传播学、国际关系学方面的课程的开设还有差距。如今公共外交已经自成一个学科了，我觉得我们的学科融合的深度还不够，完全还有可以进一步深化的空间。

赵启正先生一直在讲公共外交最有效的手段就是讲故事，就是要讲好中国故事。那我们海南的高校在讲好中国故事的同时，还要讲好海南故事，我们在这个方面是做得比较好的。上完《海南地域文化》课程后，有些学生去参加外研社、外教社的比赛，他们一下子就可以讲出来海南故事，知道海南故事是什么了。所以我觉得第一你要知道是什么故事，然后要区分出什么是海南好故事，但海南好故事我们也不能只讲好的一面，要知道问题是什么，怎样把问题讲出来，怎么去解决问题。比如说我们从历史的角度去找问题，从发展的角度去看问题，然后把问题也要讲好。所以我们也提了一些自己的观点，整体上看这块是做得相对比较好的。

但是整体上科研带动教学这方面还不够。首先就是我们的国家社科项目，我觉得还应该增加，我预期的目标是，未来我们手里滚动的国家社科项目要达到20项。这样的话大概需要60名博士来支撑。但整体上看我们现在达不到。英语专业的老师最近几年的项目数不理想，因为拿到项目的人要结项之后才能继续申报。反倒是俄语和日语老师做得还好一些。

有人说金院长重科研、轻教学，其实一直以来我也一直重视教学，我还是我们学校第一批"十佳教师"，这个当时文科只有两个，我觉得教学是中心，但科研一定是先导，科研必须带动教学。我在日本读的硕士、博士，日本的老师曾说不做科研不是开玩笑嘛。一个大学老师不做科研，你讲什么？你讲不了这个学科最前沿的内容，这样怎么能把教学做好？我不相信一个不做科研的老师能把教学做好。所以我一直在强调这一块，但是还远远达不到我的期望。

窦：金院长，最后请教您一个问题。您认为评价新文科建设（推进程度）的标准是什么？或者换一个角度，您认为外语学科建设质量评价的标准、指标有哪些？您更看重哪些？

金：概括来说，我觉得可以借用审核评估的思想，就是用自己的尺子去衡量自己的目标。具体来说，最主要的是人才培养的整个过程、教育理念、教育模式和人才培养目标的匹配度，或者说是支持度。

评价标准不应该是全国统一的，还是要靠自己的尺度。比如说要培养学生的多元化素养，那多元化素养具体是指什么？比如既要懂得中国的语言和文化，又要了解对方国家的语言和文化。如果换一个说法，就是要掌握两种以上的语言和文化。而且要有为消弭不同文化体系之间的隔阂而不懈努力的使命精神，我觉得这个是非常重要的。因为公共外交就主张打破过去传统外交的界限，提倡每个人都有可能成为公共外交的主体，那我们每个人都要为消灭不同文化体系之间的隔阂而不懈努力，我们每个人都应该有这样的使命。所以我觉得课程体系和我们的目标是否吻合，育人的全过程和我们的目标是否吻合，这个是最重要的。说到底，是匹配度的问题。

当然这里面包含着培养目标的合理性问题。我一直在说要从四个角度思考问题,那就是国家需要、地方需要、学校的定位以及专业的定位。这四个方面都要考虑,能满足这四个定位并且能把它们结合起来的目标才是最优的。

而合理的课程体系则是实现目标的重要手段。课程体系是支撑,我觉得借着海南大学完全学分制改革,完全可以把它做大一些,要满足感兴趣的学生可以去自主修读其他学科课程的需求。在现有的外国语言文学这一套课程体系之外,我们再设置一个能够更好地和我们现在的人才培养目标匹配的大的课程体系。

另外,我觉得还有一个就是教材建设问题,因为教材是育人的最基本的媒介,离开了教材何谈育人?再有,每门课程都要有比较合理的考核评价体系,包括过程性考核和终结性考核,甚至包括教学过程中师生的相互认知。比如说像我自己讲授的"海南地域文化"这门课,我是每年课程结束的时候都要做问卷调查的,以此了解学生的满意度、学生的希望和该课程培养目标的达成度。所以我们每年都会做满意度调查,就我自己教授的课程而言,整体上看满意度还是比较高的,在95%以上,有些指标可以达到98%以上。然后我们的课程也不是说每年都用相同的PPT,每学期都要调整。

以上是我个人认可的几个较为重要的标准,具体到细节方面可能不全面,但总的来说,还是要用自己的尺子测评自己的目标。

窦:金院长,谢谢您。您是一个设计者,您的高瞻远瞩成就了海南大学外国语学院的高质量发展。您又精于研究,带动了学术研究的发展,服务于国家、地方和社会需求,又身体力行去上好每一门课,而且做得细致入微。我觉得学生能遇到金院长这样的老师真是人生幸事,所以说我很羡慕海南大学外国语学院的学生。您的教育理念和办学经验也非常值得我们学习和借鉴。将来希望能请金院长为我们的专业建设把脉问诊,成为我们的专家顾问。最后再次向金院长表示衷心的感谢。

第五节

经验梳理与总结分析

1. 访谈院校经验梳理

浙江大学外国语学院

（1）交叉融合

浙江大学作为知名的一流大学建设高校，学科门类齐全，文文交叉、文理交叉、文工交叉等项目非常全面，这是一般高校难以做到的。而外国语学院积极出手，开设了如涉外法治（英语—法学）、德语—光电信息科学与工程、法语—电子科学与技术等双学位项目。有很多跨专业修读辅修的"外语＋"项目，如计算机、管理、法学等，交叉融合全面铺开。可以说浙江大学外国语学院勇于创新，卓有成效，所以七个专业均能入选国家一流专业。

（2）服务于国家战略的人才培养

研究生培养方面，国际组织人才培养方向在国内遥遥领先，同时建成"国际组织与国际交流"硕士点，努力为联合国等国际组织和外交部等涉外部门培养优秀青年人才。尤其"国精班"已形成一套比较成熟的人才培养体系，且拥有一批实力强大的战略合作伙伴、海外合作高校、校外实践导师及国际组织实习基地。产教融合方面的情况，如企业实习、国际组织实习较多，学生可以到联合国儿童基金会、教科文组织等实习。应该说目标明确，站位高，培养手段与培养目标相匹配，人才培养达成度高。

（3）跨院系合作

在跨院系合作方面，外国语学院与其他学院共同合作开设课程、建设课程。因为学校职能部门(本科生院等)起了积极的推动作用,当然应该说是有制度保证,解决了跨院系合作的难题。这是值得推广的经验。

(4) 科技赋能

学院自主打造"慧学外语"智能学习平台,成为大学外语教学界目前功能相对完善的GAI辅助的学习平台之一,学生不受课堂限制地进行外语学习。当然,这仅是一个代表性平台,科技赋能教学还贯穿于日常教学与研究中的方方面面。

(5) 科研平台

学院科研成绩斐然。学院设有外国文学研究所、外国语言学及应用语言学研究所、翻译学研究所、跨文化与区域研究所、中华译学馆、世界文学跨学科研究中心、英文写作教学研究中心等11个校级机构,以及俄语语言文化研究所、语言行为模式研究中心、语言与老龄化研究中心、中世纪与文艺复兴研究中心、语言认知与发展实验室、子衿学社等众多院级研究所和科研平台。构建符合智能时代认知与学习特征的外语能力发展与测评体系,建设具有中国特色的外语教育理论体系。这些研究结果会应用到教学当中,科研能反哺教学。

(6) 社会服务

社会服务功能多。比如"国精班"已形成一套比较成熟的人才培养体系,为综合性大学国际组织人才培养提供了"浙大方案";语言与老龄化研究中心为社区老年人提供语言与认知健康的系列服务,为保障国民健康提供助力;中华译学馆助力申遗,弘扬优秀文化。可以说,高校的社会服务功能得到充分发挥。

(7) 需完善之处[①]

在"外语+"小语种的双学位项目中,如何平衡专业内容和语言专业的学习,以及如何与对方工科专业的要求相匹配,仍需进一步探索。

---

① 此处及以下的"需完善之处"是对受访者自述的总结。

北京外国语大学英语学院

（1）专业定位

外语专业在社会上面临很多质疑，不少人认为外语学习仅仅是语言训练，"外语专业并不专业"。外语专业的内涵难以获得正确认知。北外英语学院提出外语专业应该回到本体，守正才能创新，不能仅仅成为其他专业的工具。"追求卓越""瞄准高端"，英语学院培养具有语言学、文学以及区域国别等方面扎实的知识，能够承担外交外事、外贸、国际新闻、国际法律、教育、学术研究等领域工作的高层次外语人才。这些人才应该具备更好的竞争力、持续发展能力和技术含量，思辨能力强，将来能够承担国家重任。学生需要建构包括语言文学、翻译等知识体系，而不仅仅是学习语言。唯有此，学生才有专业认同感，社会才能对外语学科抱有正确的认知。可以说，英语学院的建设与发展是基于明确的问题导向的。

（2）对新文科的内涵的解读

张院长对新文科的内涵的解读在于四点：学科交叉融合、自主知识体系的建构、价值引领和技术赋能。在长期的学科建设过程中，学科交叉融合早已有之，自主知识体系的建设也一直在探索，但这是一个长期的任务，需要不断实践和创新才可能产生一点结果，不能急功近利。在价值观引领方面，要有中国立场和中国价值观，避免被西方价值观所影响。在技术方面，要利用现代技术提高教学效率，如线上线下的结合、虚拟教研室等。这些技术的应用会给文科特别是外语学科建设带来活力。

（3）专业特色

在新文科建设方针的引领下，学院已形成独具特色的全英文教学环境和人文社会科学的教学与研究平台。英语系的特色专业包括英语（国别与区域研究）专业、英语（外语教育）专业和英语（21世纪马克思主义国际传播）专业。英语（21世纪马克思主义国际传播）专业旨在培养能够在全球范围内传播马克思主义的人才。学院提出，既然国家需要，就要责无旁贷去建设这样的专业，培养这样的人才，这是北外英语学院的担当。

翻译系的特色专业为本科"外交外事高级翻译"专业和MTI"政治文

献翻译"专业。前者致力于培养外交人才、国际组织人才,北外有培养外交人才的传统,后者是与中央党史与文献研究院合作培养国家重要文件的翻译人才。外交外事和政治文献方面的高级翻译人才培养是英语学院的重要任务之一。总的来说,北外英语学院的各个专业都具有鲜明的特色,而且也是服务于国家需求的。

所以说,问题导向必然连接着需求导向。既然发现了问题,就需要解决问题,北外英语学院立足社会需求,培养国家急需的文化交流人才、外交外事人才、学术研究人才等。针对问题、特色建设、满足需求,保证了北外英语专业立于不败之地。

(4) 师资

要培养一流人才,离不开一流的师资。英语学院的师资队伍是一流的,内涵建设也是十分严格、苛刻的。张院长要求,师资必须是专业出身,比如社会学老师就应是社会学出身的,开设的课程必须专业,不允许英语语言方向的教师补习社会学知识再去开设社会学相关课程。专业的事只有专业的人才能做。

(5) 实习实践

英语学院十分重视学生的实习实践,通过建立制度或政策倾斜鼓励学生参与实习与志愿服务,让他们在实践中成长。因为有很多重要的机构在北京,所以北外具有得天独厚的优势。实习基地有中国对外翻译出版公司、中国外文局、新华社、中国日报社、中国国际广播电台、外研社等单位。另外,比如冬奥会、奥运会以及 APEC 会议、博鳌论坛等,一些国家重大活动在北京举行,都需要大量志愿者,所以锻炼机会更多。在实习实践中,学生形成了时间意识、服务意识、积极主动性和精工细作品质等。这是对学生进行思政教育非常难得的手段,而且实习对学生的就业有很大帮助。因此,英语学院十分重视学生的实习和志愿服务。

(6) 社会服务

英语学院的社会服务多样。学院有专门研究美国、英国、加拿大和澳大利亚等国家的研究中心,从事这些研究的教师积极参与行业服务,为中央领导或政府部门提供政策建议,为政府部门和外向型企业提供外语培训。学院也为全国外语教育领域提供服务，比如编写教材，为西部高校和偏远山区中小学培养师资等。学院在进行社会服务时，客观上也潜移默化影响了学生的专业认知，引发更浓的专业兴趣。

（7）需完善之处

大环境对外语专业并不友好，社会上对外语存在一些误解，学院提出要通过宣传让学生、家长还有社会真正理解外语是什么样的专业。然而张剑教授认为英语学院在这方面做得不够。因此，必须要摆脱泛泛的外语专业建设，要凸显专业内涵，要让学生和家长更清楚该方向的培养目标和学习内容。在外语专业的人才培养模式的改革上需要更多思考，还要做更多的事情。

中国民航大学外国语学院

中国民航大学英语专业的民航特色是在张艳玲院长的带动下创建并逐步发展起来的。从一门课程发展成体系化的专业课程，从一两个教师发展成一个专业的多名教师。学院的口号是培养有民航特色的、复合型、国际化高端人才，民航特色是底蕴。这种民航特色复合型人才培养，正体现了新文科建设的要义。

（1）双师型师资培养

交叉融合专业首先要有双师型师资。既懂外语又懂专业的双师型教师培养是业界的一个难题。双师型教师培养需要学校的大力支持，应该有一些政策性顶层设计。中国民航大学出台了相关政策（例如评职称必须有在民航领域60天的工作经历）。当然教师不愿转型可能是有舒适区的问题，因为在自己熟知的领域里成型了。但能否转型，关键取决于个人认知，而决定认知是其中的利益问题及个人兴趣。

近年来教育界开始重视高校教师的行业背景。如果没有行业背景，比如说教授国际贸易英语的老师不懂贸易实务，只能照本宣科；教授国际组织课程的老师，根本不明白国际组织是怎么回事，对国际组织的理解只能停留在想象中，凭空臆测，怎么能教育学生？怎么能办好这个专业呢？

而提升教师行业背景的路径有：第一步，教师要通过自学或到相关院系听课来提高自己的行业背景知识，这是必需的。第二步，可以参与一些项目任务，如民航翻译等，通过实践来提升自己。因为任务驱动是老师转型的一个最好的抓手。第三步，进入民航局或相关行业运营单位实习实践，但要注意在这之前要有自主学习和积累的过程。

还可通过"企业导师请进来"，扩大师资的内涵，聘请在航空领域和翻译领域中取得卓越成绩的校友担任校外行业导师，就学生专业素养、职业发展路径提供咨询和指导，助力学生成为行业需要的应用型、复合型人才。

当然，跨院系合作也是途径之一，但跨院系会涉及两个学院之间的一些成本，如时间成本、金钱成本等，未必高效。

(2) 课程、教材

学院组织开设了"机场运营与管理（英语）""民航法规（英语）"等八门民航相关课程，与课程相配套，又编写了"民航专业英语"系列教材。编写教材一举多得：教师的成长、出版的教材可以申报教学成果奖，同时编写过程中也逐步完成了课程建设。正因此，学院获国家级一流专业、国家级一流本科课程和天津市一流本科课程。

(3) 实习实践

外国语学院的实习实践一直倡导"立足民航，突出特色"的理念。学院与空客公司、西飞国际航空制造(天津)有限公司、民航博物馆等机构共建了多个校外实践教学基地。学院也会把学生派到行业导师那里，导师会将正在做的项目切分出一小块让学生参与实践。这是"学生走出去"。

(4) 社会服务

① 教育方面

获批教育部学位中心的"中国航空业国际形象建构研究"主题案例，通过大兴机场英语宣传、调查 C919 进入国际市场的评价、协助设定高海拔机场的运行中国标准输出等手段，讲好中国民航故事，发出中国声音。

打造教育部航空外语课程虚拟教研室，创建航空外语专业学习共同体。教研室将以军民航的融合发展为目标，以虚实结合为路径，进一步推进教研室成员单位的跨区域研讨与合作，更好地服务国家、行业和地区发展。教育部航空外语课程虚拟教研室将立足具有"家国情怀、国际视野"

的行业特色复合型外语人才培养,以参建高校国家级、省部级和军队一流课程建设为抓手,进一步推动各成员单位之间在人才培养、课程建设、师资发展上的全方位合作。

② 行业企业

学院教师参与民航局、航空公司、机场、空管等民航一线单位的翻译及科研任务;为民航局开展安全能力提升项目和民航英语培训;讲好中国民航的故事,服务于中国民航对外话语体系的建构。从级别上来说,影响力比较大的有全国民用航空名词审定委员会,该委员会已经承担了民航术语规范化工作。行业服务既凸显了业界贡献,增强了专业影响力,也对学生产生了潜移默化的积极影响。

(5) 学生就业情况

学生就业呈现较为集中的趋势,在民航相关领域的就业率长期超过60%,可以说做到了为行业育人的典范。毕业生主要就职于各航空公司、空管局、机场等民航运行单位,以及飞机研发制造单位,工作内容涉及手册编译、航线保障、市场营销、党群建设、地面管理、人力资源等行政职能类岗位。这样,就业也可以增强学生的专业认同感,学有所用,不仅要学好英语,还要学好民航,这是一个良性循环。

(6) 新文科建设的评价标准

培养学生能够解决实际问题的能力,包括语言能力、逻辑分析能力、工程能力等。可以从课程设置、师资队伍、教学条件、人才培养的达成度等方面进行评价。

(7) 需完善之处

学院在科技赋能在教学上的应用方面,虽然目前做得还不够,但也在慢慢起步,如开了一些计算机辅助课程等。国家提"新文科"的初衷,是希望通过文科和理科、工科的交叉融合,产生一个新的学科增长点或者一系列专业设计。有专家提议,中国民航大学的文科和机械系、空管等专业进行深度融合,产生一个新的文理、文工交叉的专业。但当下轻易不敢做,或者说没有足够的精力、能力往前推。

海南大学外国语学院

（1）改革动机

早期国家社科项目少，教师 C 刊论文数少，教师学历职称低，家底薄，资源匮乏。在传统的语言文学领域，与综合类强校和外语高校相比无任何优势，因此必须要改革。如何改？院长首先考虑到的是，作为海南省唯一一所双一流院校的外国语学院，有责任为服务海南的区域经济社会文化发展而贡献外语人的力量。海南作为"国际旅游岛"、"一带一路"桥头堡、国际自由贸易试验区，其经济环境独特、国际化程度高，将"外语＋公共外交"作为特色，实行多学科融合的人才培养模式，这是创新之举。院长提出了"主战场＋特色战区"的做法。主战场是指传统的语言学、文学、翻译学，特色战区是指跨文化研究和区域国别研究。学院的建设目标体现在"特色中求生"和"差异化发展"上，这也完全符合中国教育的发展规律。

可见，海南大学外国语学院的发展定位充分考虑了国家的需求和区域经济发展的需要。其改革动因中有问题意识，有明确的目标，因需建设。

（2）课程体系与课程建设

核心课程分三部分：公共外交与跨文化交际、中国传统文化、海南地域文化。另外还有外交礼仪、区域国别研究等专题课程。总的来说，其做法是，在传统的语言、文学、翻译、文化类课程之外，逐步增加区域国别类课程；在公共外交类课程中增加传播学、国际关系学等相关学科内容；增设中国文化和当地地域文化课程。

地域文化课程是以发掘、传播当地文化为目的。如"海南黎族文化"和"海南红色文化"课程，教师基于调研资料，授课采用鲜活的事例，这样一来，上课不枯燥，学生有兴趣，课程有爱国教育意义。可以说是课程思政的典型，立德树人落到了实处。正因此，课程受到省内外高度关注，其中"公共外交与跨文化交际"课程获得海南大学教学成果一等奖。

（3）第一课堂与第二课堂的结合

近些年来，培养方案学分数越来越少，首当其冲被削减的便是专业课程。减分不降质,海南大学外国语学院建造了一些特色课程,采用分专题授课的方式,启发学生思考,引领兴趣。学院还参与公共外交青年领袖冬令营活动,采用校际合作和跨院运营的方式,并邀请公共外交领域的专家亲自参与指导。学院推出的学术沙龙"南冥坛席",定期开展讲座。

可以说课程、各种的学术沙龙再加上一些特色活动,给整个学院营造了公共外交的氛围。学生在这样的氛围熏陶下,就会自然而然地朝这个方向发展,并因此有可能制定相应的职业规划。这起到一个非常好的引领作用。

(4) 实习实践

学院提议,实习实践活动要和公共外交挂钩。海南有其特殊性,赛事赛会非常多,通过选拔学生参加海南博鳌亚洲论坛等活动,激发学生学习外语的积极性,达到学以致用的目的。派遣由专业教师、辅导员、本科生、研究生组成的"一带一路"国家公共外交调研团队出访多国进行考察。

尤其涉及中国形象调研,院长要求要做得专业化、体系化。经过学院师生的共同努力,形成了非常有显示度的成果,因为参与者有一线调研的基础,本科生和研究生都可以参加学术会议进行发表。这是难能可贵的。业内经常提及实践能力、创新能力以及思辨能力等,"巧妇难为无米之炊",没有抓手谈何培养能力。海南大学外国语学院的创新之举可以为业界所效仿。

(5) 跨院系合作

在海南大学外国语学院的人才培养体系中,跨院系合作并不多。因为在传播学和国际关系方面学院有专业的老师,内部资源足够。反倒是外部资源的利用更频繁,包括校际合作,甚至国际合作。例如:学校和中国人民大学、北京外国语大学联合运营的项目,邀请业内知名人士亲自参与指导各种活动,以及学院引进英国爱丁堡学院的商务英语课程,嵌入到英语专业课程里。总之,学院的做法是,有困难,有需要,就请高明。只要能补足短处的,能为我所用的一切力量,都可以加以有效利用。

(6) 研究特色与研究推进方案

学院组建了外文海南文献研究团队和海外舆情研究团队,获批海南省重点研究基地——外国海南文献舆情研究中心。因发现国内缺乏海南历史文献，团队便到国外搜集，并利用话语分析理论与方法对搜集到的海外舆情资料进行专业分析。这种研究是原创性的，且是服务于国家需求的研究。

对于教师的科研发展，第一种方式是敦促部分教师科研转向，尤其是原来没有固定科研方向的教师；第二种方式是拓展部分老师的研究领域，原有的基础主轴不变，拓展一下研究领域；第三种方式是根据需要引进符合需求的老师。学院倡导科研三种导向：一是国家需求，一是个人兴趣导向，一是企业需求。

(7)"教""研"相长

一方面，学院构建中国文化课程、公共外交课程、海南地域文化课程、区域国别课程、社会实践课程等教学团队，以满足新文科建设的发展以及复合型人才培养对学生综合能力的需求。另一方面，积极推进教学与科研的有机融合。组建三个教学科研团队，在教学中发现问题，然后通过科研去解决问题，把教师的教学和科研有机联系起来。在人才培养过程中，学院鼓励学生参与舆情研究以及历史文化研究，不管是本科生还是研究生都可以参与。科研反哺教学，通过研究达到育人的目的。

(8)社会服务

学院的特色研究也正是社会服务的体现。学院积极发挥高校社会服务功能，重点服务海南自贸港建设，发挥高校咨政启民的智库作用，助力海南历史文化研究。

(9)新文科建设推进程度的评价标准或者外语学科建设质量评价标准

借用审核评估的思想，用自己的尺子去衡量自己的目标。具体来说，要考察人才培养的整个过程，包括教育理念、培养目标的合理性、教育模式和人才培养目标的匹配度、课程体系、教材建设。其中培养目标的合理性要从四个角度考量，那就是国家需要、地方需要、学校的定位以及专业的定位。能满足这四个定位并且能把它们结合起来的目标才是最优的。

(10) 需完善之处

交叉融合的深度不够，传播学、国际关系学方面的课程的开设还有差距，还有可以进一步深化的空间。国家社科项目数量没达到预期，科研水平还有待提高，科研带动教学还有待深化，教材编写偏少。

2. 总结分析

从四位专家对学科建设的经验解读来看，首先，只有具备鲜明特色的院系，生存能力才会强。要想具备特色，必然与其他院系有差异，所以特色发展、差异化发展是外语学科建设的必经之路。但不能为了形成特色而不顾一切制造特色，不能为了差异化而特意制造差异，不能为了创新而创新。特色、差异、创新都应是基于问题导向的。四所高校中，不管是国际组织人才培养，还是区域国别、外事外交翻译、民航英语，甚至公共外交人才培养，都是基于问题导向而形成的，也是基于需求的。需求包括国家的需求、地方的需求，甚至高校自身的需求，这些都可以成为外语学科建设的理由。没有需求就没有存在的理由，一些高校的"外语＋"比较盲目，没有体现出具体的需求导向。

其次是外语学科的影响力问题。面对当下的大环境，社会上甚至在高校内部都对外语学科形成了偏见。表面上看，就业状况是重要理由之一；但从深层看，能否建立自主知识体系乃是根本性问题，即能否产生原创的理论、能否用理论解决现实问题。几位专家也都意识到了这一点。

对于学生的专业认同感问题，当然就业能够一定程度上起到左右作用，但本质上还是在于外语专业的氛围问题。翻译人才培养要有翻译氛围，国际组织人才培养要有国际组织氛围，民航人才培养要有民航氛围，外交人才培养要有外交氛围。没有浓厚的氛围，必然无法形成凝聚力和向心力。而这种氛围不仅体现在课程教学上，还体现在第二课堂、学术讲座以及实习实践等人才培养的全过程，甚至体现在教师的社会服务上。

这其中就涉及以下几个重要问题或曰条件上的制约因素。首先乃是师资方面的因素。在跨学科建设背景下，教师应当具有跨学科的知识和能力，即双师型师资是办好特色外语教育的重要推力。前文已提及，比如担任国际贸易英语的老师不懂贸易实务，只能照本宣科，对贸易实务只能停留在想象中，凭空臆测，断然不能教育学生。然而目前阶段，我国大部分院校外语院系构建强有力的双师型师资体系尚存在巨大瓶颈。这就需要敢为人先、创造条件、开拓创新。上文访谈中的四所高校在这一点上就做到了独具匠心、各有特色。比如浙江大学有上层政策支持，所以外语学院可以根据自身需要主动联合跨院系师资；海南大学外国语学院内部有少量相关师资，另采用各种手段邀请行业专家助阵，甚至采用了与国外合作的模式进行改革创新；中国民航大学外国语学院长期培养本院系双师型师资，还聘用了民航界的企业导师。由此可见，四所高校各尽所能、各显神通，分别解决了各自面临的跨学科师资难题。但一般高校还存在很多困难，这些方法都十分值得借鉴。

其次是课程方面的因素。国家一流课程、省级一流课程，有的高校还建有虚拟教研室，这都体现了学科/专业建设的深度，反映了学科/专业的影响力。

另外，四所高校都十分重视产教融合。比如在实习实践方面，北京外国语大学鼓励学生参加企业实习，鼓励学生参加重要赛事的志愿者服务，甚至将思政教育落实到实习实践中。海南大学组成公共外交调研团队，这对学生语言学习的影响、学术水平的提升、视野的开拓、综合能力的提升，甚至对专业自信无不产生巨大的影响。

行业服务、社会服务是高等教育的重要功能。比如浙江大学外国语学院的"语言与老龄化研究中心"为社区老年人提供语言与认知健康的系列服务，为保障国民健康助力良多。这就充分证明了利用语言优势可以解决其他学科难以逾越的但却仅有外语学科方能解决的问题，无形中向社会传递着外语学科的重要性。所以它对社会对外语学科本身的认识有积极的正向作用，对于学生的专业认同感提升亦起到了潜移默化的助推影响。

新时代，外语学科建设既要"守正"，又要"创新"。前者是指守住语言、文学、翻译的学科传统领地，后者则是指跨学科创新、知识体系创新、学科增长点创新等命题。所以外语专业教育不能只教学生学外语知识，更需要培养学生的人文素养、家国情怀、国际视野，以及思辨能力等综合素质。一言以蔽之，外语专业教育乃是"全人教育"。专业虽是人为切割的，但人是多维的，社会对个人的需求也是综合性的，故而学习也理应是多维的。这也正契合了新文科建设的根本内涵与精神特质。

外语新文科建设质量的评价标准，也就需要落实到对于外语学科/专业建设质量的评价标准。从宏观角度来讲，该标准应包括学科交叉融合、自主知识体系建构、价值引领和技术赋能；从微观角度上讲，需要考察师资队伍建设、人才培养、科学研究、国际合作交流、社会服务等指标的综合情况。比如人才培养，需要考察培养目标的合理性，课程体系和培养目标的吻合度，育人的全过程和培养目标的吻合度，这些最终决定了人才培养的达成度。

新文科建设通过全面构建中国特色哲学社会科学体系，最终向全球贡献中国智慧和方案。在这个伟大的历史进程中，我们外语人责无旁贷，使命在肩。外语的新文科建设应该自觉树立立德树人的价值目标，助力中外文明互鉴，在参与全球治理和构建人类命运共同体上贡献力量。正如海南大学外国语学院金山教授所言："每个外语人都有可能成为公共外交的主体，我们每个人要有为消弭不同文化体之间的隔阂而不懈努力的使命精神。"

第六章

一流外语学科建设实现路径

本章在阐述新文科背景下的外语学科建设指导理念的基础上，参考第五章所探讨的先行高校的成功经验，提出外语学科建设的方向与具体建设内容，并凝练出外语学科建设过程中需要注意的几个核心要点，最终提供新文科背景下外语学科质量评价的标准，以供业界参考。

第一节

新文科背景下的外语学科建设指导理念

在第二章中,我们将新文科的本质与内涵概括为:立足中国实践,打破学科专业壁垒,促进学科专业深度交叉融合,依托科技赋能,创新学术思想,弘扬人文精神,全面构建中国特色哲学社会科学体系,向全球贡献中国智慧。在第三章中,我们将新时代外语学科的内涵解读为在服务于新时期人的内在需求的前提下,围绕"国家意识",聚焦国家战略,积极主动地参与世界知识体系和思想体系的构建,加强中外文明互学互鉴,在参与全球治理和构建人类命运共同体议题上贡献力量。

为实现外语学科的内涵建设,我们认为,应该遵循以下几个基本理念,即:基于问题导向、做好深度交叉融合、遵循差异化发展、产出新思想、实现外语育人功能。

1. 问题导向的生成

按照第二、三章的分析,学科交叉融合是新文科背景下外语学科建设的重要手段,但学科交叉融合并非等于传统学科之间的简单叠加,而是问题导向、需求导向下的知识生产与再生产的重组与重构(崔延强、段禹,2021)。以问题为导向,实事求是,解决问题才会产生实际功效。也就是说,实际功效原则体现在创新的问题导向和目标导向。学科建设、学科创新一定要有问题意识和目标意识。发现问题、解决问题是学科创新的前提(查明建,2023b)。

因此,在建设外语学科时,我们必须要考虑自己所在高校的外语学科因何而存在?是服务行业,服务地方经济发展,还是服务国家对外战略?问题意识应该很明确,针对性应该很强,无目标就是盲目建设。而目前一个现实的情况是,一些文科高考生优先报考法学,很多大学生考研跨考法律等学科，于是不少高校纷纷开设"外语＋法律"专业。可以说，对很多学校来说，这无异于随波逐流的跟风行为。政法大学办"外语＋法律"，师范大学也办，理工科大学也跟着办，一拥而上，这样一来，过几年很可能又变成一种新的"同质化"格局。因此，高校办学应当有明确的问题意识，避免急功近利，防止教育短视化行为。

正如本研究所调研的四所高校的外国语学院，它们在办学过程中均具备明确的问题导向意识。例如：浙江大学外国语学院国际组织专业就是为服务国家战略而生的；中国民航大学外国语学院的英语专业就是面向国家"交通强国"发展战略、面向中国民航国际化发展战略需求和区域经济发展需求而建。只有问题导向明确，才能受到业界好评。如中国民航大学外国语学院招生情况好，民航领域就业率高。用该院张院长的话来说，近一两年全国外语类招生出现断崖式下降的背景下，只有具备鲜明特色的院系生存力才会强，中国民航大学外国语学院的招生热潮没有下降要归功于其口碑早已打响等原因，招生形式喜人。这个成功的经验也恰如其分地印证了端正问题导向和目标导向的重要性。

2. 交叉融合的深度与广度

新文科要解决的问题是避免简单的"外语＋"模式，做到深度的融合、有机的融合。外语专业不再局限于单纯的语言转换和翻译，也不再囿于单一的外语学科，与传统语言或翻译人才培养理念和模式存在明显区别。王立非（2021）曾指出，语言服务是以跨语言能力为核心，以信息转化、知识转移、文化传播、语言培训为目标，为高新科技、国际经贸、涉外法律、国际传播、政府事务、外语培训等领域提供语言翻译、技术研发、工具应用、资产管理、营销贸易、投资并购、研究咨询、培训与考试等专业化服务的现代服务业。因此，外语人才培养首先要解决的是融合问题。

我们一般说学科/专业交叉融合，这样提比较宏观，不够具体。严明（2023）提出要在外语专业教育中实现"五融合"。一是在专业和课程教学中将理想信念教育、社会主义核心价值观塑造、跨文化沟通能力培养和外语专业知识学习融为一体；二是进一步实现传统语言学与文学学科专业的交叉融合；三是将多学科交叉融合与跨学科理解融入课程；四是将国际视野、跨文化理解、全球意识、国际学科与专业前沿发展融入课程，实现课程国际化；五是实现多学科专业知识和技能与外语教育的真正整合与贯通，通过开设新专业、微专业、辅修专业等形式，拓展外语教育空间，建设跨文化与国际沟通、国别和区域研究、国际组织与全球治理、人工智能与语言大数据、数字人文等新文科专业培养方向，以此构建新的外语专业人才培养体系，激发专业的办学活力，提升学生的就业能力。

以上说法包含了学科/专业的交叉融合，立德树人的融入，跨文化能力和国际视野的嵌入，还包含了技术手段的融入。总之，要根据学生的水平和时代要求，深度融合、多维融入，彻底解决"复而不合""两张皮"等现实问题。

3. 差异化发展的目标设定

外语学科内涵建设要尊重院校差异、地理环境差异、语言本体差异以及人的差异等因素，从而设定学科发展的合适方向。明确外语学科发展定位，有针对性地开展学科内涵建设。例如，张杰（2016）指出相比于"985""211"高校，绝大多数高校外语学科处于劣势，师资水平、教学资源、学生质量均不具备与重点大学竞争的条件。因此，要结合院校自身实际情况，充分挖掘自身优势资源，凝练区域发展特色，明确学科内涵定位，有针对性地开展外语学科建设。院校之间的综合差异更要求外语学科建设不能按照"一刀切"的标准，必须以院校自身实际为基础，开展差异化的外语学科建设。

例如，综合性大学可以重点开展外语人文学以及国别与区域研究等；外国语大学可以开设翻译学方向，以及复合传播学等；师范类院校外语学科可以开展外语教育学学科建设以及外语师范人才培养；理工科院校可以基于学校理科和工科的基础优势开展语言科学学科建设或"外语＋本校强势学科"；地方院校则应注重外语应用型人才培养，如商务英语、旅游英语等方向；民族类院校应多结合当地民族语言，注重多语能力以及语言使用技能培养等。高校外语学科内涵定位应在大外语观指导下，结合学校自身优势和地域分布特点，科学论证，凝练特色，形成优势（安丰存、王铭玉，2021）。作为本研究案例之一的海南大学外国语学院就是在充分考虑该地区区域特色的基础上，大力发展"外语＋公共外交"，并形成独有的特色人才培养模式。从学院的建设目标"于特色中求生，差异化发展，建设特色鲜明的外国语学院"便可一目了然。这种做法值得借鉴。

4. 新思想的产出

储朝晖（2021）曾指出，与形式的"新"相比，文科建设更需要内涵的"思想"。数千年来，"文科"不论新旧，关键要看有无思想，以及思想的深刻、广博和逻辑性。历史上已有的诸多文科思想巨匠的作品不会过时，但它们显然是新文科视野中的"旧文科"。思想才是解决问题的润滑剂，是文科更具价值的内核。追求文科的新旧价值显然比不上追求文科的高品质：有思想，能思想，会思想。

无论是新文科还是传统文科，其发展的关键是人文精神的融入与弘扬，要科学理解知识创新与思想创新的关系。这不仅是文科专业新文科建设的需要，也是其他学科之"新"的需要。缺少这一关键质素，就失去了人文学科和大学教育的本色。学科交叉与融合既是新知识、新思想产生的前提，也是新知识、新思想产生的目的。而相对文科教育而言，新思想创造的重要性优于新知识的获得。知识具有普遍性，思想则是一种独创性。很多学校在对新文科理念的理解和实际操作中专注新知识、新技术、新方法的融入，而在原有学科专业和新专业建设中普遍忽视了人文精神的涵养。

新文科建设的核心理念在于更新学科观念，特别是要确立以"全人类共同价值"理念为引领的世界性人才，国家意识、人文情怀和人类意识一个都不能缺少。跨学科、新学科追求的不只是知识增量，而且是创新学术思想和弘扬人文精神。新文科首在思想之新，通过学科融合形成新的思想，通过新的思想培育新的人才。单纯的思想重复是没有太大意义的，关键是思想的创新，没有新的思想，就没有真正的新文科（张福贵，2023）。我们说的外语学科的思想产出，主要是指发掘、培育、生产出基于中国实践的外语教育理论及语言学理论，在立足本土实际情况的基础上，方能产出服务于全球的外语教育理论。

5. 外语育人功能的实现

新文科建设需要关注如何服务国家战略，同时也应关注受教育者个人价值的实现。两者既相互独立，又最终合流交汇在受教育者身上。也就是说，我们既要培养学生专精于人文学科专业的知识与能力，又要培养学生内心修养层面的人文精神。

而外语学科则要通过外语教育，培养学生的人格修养、审美情操、社会责任、国际视野等素养，实现人才的自我价值，并形成与社会相适应的人生观、世界观和价值观（安丰存、王铭玉，2019）。要培养有国家情怀、有国际视野、有专业本领的"三有"人才。外语学科培养的人才不能只有知识，没有三观；同时也不能没有知识，只有三观。他们必须是有知识的人才，具备思辨和创新的能力，才能服务于国家和人类（张剑，2023）。

在能力培养中，有两点是学生欠缺较多的，即独立思维能力和创新实践能力。作为人文社科专业的外语专业的学生，要敢问、乐问、善问，树立批判思维与独立思考的意识，不断提升独立思考能力。同时，要引导学生在学习专业知识的同时，努力拓展知识的广度与深度，在深入了解中西语言、文化的基础上，追问为什么、怎么样，进而形成自己的思考或问题的解决方案。对于创新实践能力培养，要引导学生敢想、敢做、善做。要敢于走出校园，进入职场，了解行业与市场对于未来人才发展的新要求。对于已获得的技能，要敢于实践、善于应用。对于想做的事情，要持之以恒，直到会做、做成、做出影响。只有这样，才能不断地提升学生的实践创新能力（祝朝伟，2024）。

第二节

外语学科建设的方向与具体内容

教育部高教司副司长徐青森曾指出,高教外语专业教指委应从"三个面向"指导外语专业建设:面向国家外交战略和对外交往的非通用语种人才培养;面向国家和经济社会发展对人才需求变化的复合型人才培养;面向国家对外开放战略和全球化背景的国家外语战略的发展(刘玉梅,2018)。外语学科建设要顺应国家学科建设的整体要求,要敢于面对自身问题,敢于自我解剖,按照国家需求来建设具有世界水平的外语学科体系,培养时代新人。

1. 总体学科布局

新时代的中国作为全球第二大经济体,作为多边主义和全球化的倡导者,已经成为全球治理的参与者和领导者之一。进入大国外交时代的中国需与世界各国进行全方位互动,需在国际政治的各个领域开展更加复杂和艰巨的斗争,需要积极促进文明互鉴,构建人类命运共同体。而中国政府秉持和平合作、开放包容、互学互鉴、互利共赢的理念,全方位推进务实合作,打造政治互信、经济融合、文化包容的利益、责任和命运共同体(孙有中,2019)。

在国际经贸领域,我国"一带一路"倡议得到了全球的积极响应。迄今为止,已有130多个国家和国际组织同中国签署"一带一路"合作文件,联合国安理会决议呼吁国际社会通过"一带一路"建设加强区域经济合作。而"一带一路"建设的宏伟规划要想在沿线国家落地生根,语言人才不可或缺(文秋芳,2016),全球治理体系改革需要语言助力(李宇明,2019)。这就要求高校外语类专业培养更多掌握各国语言特别是非通用语言,通晓各国政治、经济、历史、文化的外交外事应用型和研究型人才。

"一带一路"倡议在全球范围的落地扩展把中国的改革开放推进到新的历史阶段,也为外语类专业特别是非通用语专业的发展创造了第二个黄金时代(孙有中,2019)。此时尤其需要具有国际视野的多语种外语类高端人才,通过他们的多元化服务,消除可能的言语障碍、文化隔阂甚至是政治分歧,才能争取沿线国家的支持,形成与中国国际秩序观和全球治理理念的无缝对接,提升服务"一带一路"的实效性(仲伟合、张清达,2017)。

根据王铭玉(2017)的统计,"一带一路"沿线国家的官方语言近60种,加上区域内的少数民族语言后语言总数多达200种左右,涵盖了世界九大语系的不同语族和语支。然而,尤其非通用语专业,无论在语种数量还是人才培养质量上,都严重滞后于国家"一带一路"倡议对外语人才的需求。当务之急,应加强顶层规划,鼓励高校"合理有序、错位互补"地尽快开设齐全"一带一路"沿线国家的官方语言及关键少数民族语言,同时大力加强非通用语师资队伍建设,完善人才培养模式与课程设置,促使高校非通用语专业教育迈上新台阶(孙有中,2019)。鉴于本书在第四章第二节中提出的问题,需要优化学科布局,依靠国家在语言政策规划上的引领作用,而各高校也要有所预判,以便更有针对性地开展语言专业建设。

2. 学科建设具体方向

针对现有学科建设存在的问题,我们应该进一步凝练外语学科任务,结合语言所具有的人文性、科学性、工具性等多种属性特征,开展学科内涵建设。高等院校的外语学科建设要尽量避免同质化,要结合高校自身属性、区域特点以及办学定位开展差异化内涵式建构,实现学科和专业的多元化、多层次发展,凝练特色,以此来打造外语专业精英型、应用型、复合型人才的差异化培养模式。以下就具体介绍几个需要重点关注并加强建设的学科基本方向和建设要点、注意事项。

(1) 语言科学方向

在当今信息化时代,语言学开始向科学领域迈进,语言应用朝着智能化方向发展,具体表现为语言研究的科学化以及语言应用的技术化。学界对语言的研究已开始由传统人文范式向科学范式转变。通过学科交叉,神经语言学、心理语言学、语言病理学、语料库语言学、计算语言学、语言数据开发与应用等蓬勃发展，已经形成了学科群，建立了一套完整的学科体系，形成了独立的学科领域(李宇明，2018)。

随着现代科学技术特别是计算机科学的发展，使得现代语言研究发生了质的变化。不论是语料库语言学的兴起，还是脑科学的发展，都让人们可以充分利用现代科学理论与技术，如概率论、统计学、生物学、认知科学等，对语言开展研究。这些研究促使人们可以深入了解语言信号在人类大脑中的传递机制，这不仅有利于我们对语言机能的认识，同时也可以深入了解人类语言习得的过程。这对母语、二语乃至多语的习得以及对失语症、语言障碍的治疗等方面都有着重要的意义(安丰存、王铭玉，2021)。在这样的背景下，北京外国语大学设置了"人工智能与人类语言重点实验室"；南京理工大学也开始打造"语言信息智能处理及应用工信部重点实验室"，并开设了语言学专业，于2021年开始招生；上海外国语大学成立了"语料库研究院"；等等。语言学与理工科的融合应该说是发展较早、步伐较快，建设相对成熟的领域。

当然，正如前文所述，目前该方向主要是针对语言学的科学研究，至于相应的专业建设还处于尝试阶段。但我们相信，"语言学＋人工智能"专业可以在系统传授语言学专业知识的基础之上，培养掌握语音识别、语音合成、机器翻译和文本处理等相关知识和技能的复合型外语专业人才。事实上，在一些实力较强的工科院校近两年已经开始增设该专业。而语言病理学专业可培养学生关于语言障碍及其修复的知识和技能。目前医科大学、师范大学已经开设相关专业。还有语言科学与技术专业、语言数据开发与应用专业，则侧重于培养精通语言学基本理论、掌握文本处理技术、掌握语言数据开发与应用的原则、方法和路径的复合型外语专业人才，在一些理工科院校已经开设，引领着时代的前沿。

学科与专业怎样有机结合，人才如何培养，尚无成熟经验可供借鉴。但不管怎样，在信息化时代，这些朝阳专业能够解决现实生活中的诸多问题，所以它必定是今后需要着力建设的一个方向。

(2) 文学方向

传统上，外语学科的学科基础是由语言学和文学构成的，而文学是指外国文学。即便是文学自身，也具有丰富的跨学科属性。它与历史学交织，文学作品往往蕴含着特定历史时期的社会背景、思想观念和生活方式，通过文学作品，我们可以了解历史事件、社会变迁和时代精神；它与心理学相辅相成，文学作品中的人物心理描写和情感变化反映了人类心理的复杂性，心理学家可以通过文学作品来探讨人类行为、动机和心理状态；文学与社会学相互作用，文学作品常常提供了观察和分析社会结构与社会问题的视角，可以揭示阶级差异、性别问题、族群关系等社会现象；文学与哲学之间存在深刻的联系，许多文学作品探讨了存在主义、道德伦理、人生意义等哲学议题，为哲学提供了具体化和形象化的表达。此外，文学本身作为一种与绘画、音乐、雕塑等其他艺术门类并列的艺术形式，拥有审美价值和表现力。文学作品中的象征、隐喻等修辞手法，与视觉艺术中的象征和隐喻相互呼应。文学作品常常包含了丰富的文化元素和民族传统，为研究不同文化和民俗提供了资料(曾艳钰，2024)。

另外，还有比较文学。我们知道，比较文学最早不在外语学科体系内，是与外语学科并行发展的。前不久，比较文学划归外语学科，为外语学科搭建了新的发展平台。查明建(2022)指出，无论是增强外语学科的人文学科意识，丰富外语学科的人文内涵建设，还是以学科交叉、融合为途径的创新发展，比较文学都有重要的学术启示意义，并在学术研究和教学中发挥重要作用。

外语学科开展比较文学与跨文化方向建设，可以使中国话语体系的建立更加具备理论自觉性。外语学科应结合本国文学和本土理论，在对中国话语体系进行建构与创新的基础上，形成适合中国高校外语专业学生的比较文学与跨文化方向课程体系，从根本上树立学生的文化自信，打破中外文学关系囹圄，扩宽比较文学与跨文化研究的边界，凸显学科开放性。这对中国文学脱离西方话语体系，建立属于自己的话语体系起到极大的助推作用(孙宇、董辉、陈宇，2024)。一些视角敏锐或者说实力雄厚的高校已将比较文学与跨文化方向正式纳入人才培养方案，但不具备条件的高校要根据培养目标、课程设置以及师资队伍建设情况，决定是否开设该方向。

(3) 翻译学方向

翻译学是外语学科建设的主要方向之一，翻译人才培养是外语专业的重要任务之一。而从目前我国翻译专业人才的培养现状来看，基本上重点都放在外语语言能力提升方面。然而翻译学具有典型的跨学科特征，翻译人才培养也不是外语学科独自可以完成的任务，必须同比重融入汉语语言学科的相关内容。因为翻译是两种语言文化之间的符号转换及思想交流的过程，必然涉及外语和汉语。类比"外国文学"与"比较文学"这两个方向之间微妙的差别，我们不妨认为"翻译学"就是另一种意义上的"比较语言学"，它和传统的"语言学"即"外国语言学"形成一组对应关系。因此，翻译人才培养必须建立在外语和汉语两个学科基础上，这是一个常识。但长期以来，我们只重视外语能力培养，忽略了母语能力的提升的重要性。尽管有不少人有这样的共识，但在学科建设上并未体现出来。因此，必须明确翻译学科的任务，这是指导专业人才培养方向的基础。

我们要主动拥抱技术。现如今翻译学与技术的结合已经十分深入，比如"机器翻译"就是翻译与信息技术和人工智能的融合。现在自然语言处理已经逐渐成为一种成熟的技术，"讲中文，转文字，直接转换成英文"，手机上就可轻松实现，一种新型的同声传译出现了。也就是说，计算机可以迅速完成翻译，虽然目前机器翻译的准确率还不够理想，但是国外有公司正在研究一种计算框架，能够模仿人类大脑的识别模式，这将大大提高机器翻译的准确率。在不远的将来，它的准确性可能不会输给人工翻译。"机器翻译"的迅猛发展，已经威胁到外语人的饭碗。也正因为计算机技术和AI技术对我们外语学科造成了巨大的冲击，我们才更需要主动去迎接这些挑战，在这个挑战中赢得生存的机遇和空间。这就要求教师要与时俱进，不能够一本教材从头用到底，五年十年都不变。课程要与时代接轨，"技术翻译"必不可缺。"翻译实践"课也不能像以前那样要求学生纯粹人工翻译，而是先让软件走一遍，然后让学生再去校对和编辑，或者判断机器翻译是否准确。这些都是技术给翻译学科带来的巨大变化，也是"交叉融合"的可能性所在（张剑，2023）。

（4）国别与区域方向

依托外语学科建设国别与区域方向，这是外语学科内涵建设的纵深发展要求，无论对外语学科自身发展来说，还是从国家需求的角度来说，都具有极其重要的现实意义。彭青龙（2023）曾指出，对学科合格评估中查阅学生的毕业论文时发现，不少学生的论文几乎没有什么新意，或者只是进行常识性总结，交叉学科或者跨学科的研究成果几乎缺位。这种人才培养模式似乎是一成不变，人才培养质量堪忧。而区域国别学将打破这一固化的人才培养模式，有利于跨学科人才培养质量的提升。

张剑（2023）指出，国别与区域研究旨在就对象国进行全方位的研究，但是具体到某一个项目，就必须聚焦到更细的领域，如对象国的政治、历史、经济、外交、文化、民族等。在我国的国别与区域研究中，最常见的聚焦领域是外交或国际关系，因为这是外国语言文学学科最容易涉及的领域，也是外国语言文学专业的毕业生的传统就业领域。在国际关系的跨学科研究中，有女性主义国际关系、话语分析国际关系等。话语分析国际关系的一个典型案例是运用语言学的话语分析方法，去分析中外的"安全话语"。从这样的研究中，人们会发现中国的安全话语经常谈及和平、发展、"一带一路"、互联互通、人类命运共同体等，而外国的安全话语常常谈及威胁、挑战、全球战略、文明冲突、修昔底德陷阱等。当然，国别与区域研究不应仅限于外交或国际关系，也不应局限在对象国的政治、历史、经济、外交、文化、民族，还应该包括教育、能源、科技、医疗、司法等社会发展相关的所有领域。

再者，区域与国别学科发展方向可以根据高校自身的地缘优势来确定区域国别学方向。例如，我国边疆省份高校可以立足本校外语学科具体语种来设置相应的国别区域学学科。东北高校可以依据外语语种设置朝鲜—韩国学、俄罗斯学，也可以依托东北亚地域优势，建立东北亚区域学等学科。区域国别学学科建设凸显了外语的工具性特征，发挥了语言作为学科内容载体的作用，建立了外语与外国之间的紧密联系。因此，将外语与政治、文化、社会、经济、外交、军事等学科相结合，建立大国国别学，如美国学；大区域国别学，如欧洲学、非洲学、中亚学等：都是外语大学科建设的新路径（安丰存、王铭玉，2021）。例如，2024年7月，鲁东大学成立区域国别学院，学院接纳了外国语学院的日语和朝鲜语2个本科专业，意在依托地缘优势，培养对日本和韩国开展区域国别研究的人才。这便是一个很好的例子。当然日后如何发展还要拭目以待。再如，海南大学外国语学院依托海南作为"国际旅游岛""一带一路"桥头堡、国际自由贸易试验区等独特的区位地理优势，实现了学科设置与研究层面的重大创新和突破。

(5) "外语＋复合学科"方向

"外语＋复合学科"已不是新鲜事物，"外语＋复合学科"建设具体表现为"外语＋外语"或"外语＋专业"。"外语＋外语"凸显了语言之间的差异与结合。部分外语类高校的学科发展就体现了多语种复合的学科和专业建设理念，例如北京外国语大学坚持"外、特、精"的理念，主要培养国家急需的复合型、复语型、高层次国际化人才；上海外国语大学则倡导培养"会语言""通语言""精领域""多语种＋"卓越国际化人才；广东外语外贸大学 2017 年开始设立的新增语种，均采用"小语种＋英语"的双语结合的复语培养模式。这种多语复合型人才培养模式是在外语学科内部整合不同语种分支学科，强化了外语与外语之间的关系（安丰存、王铭玉，2021）。当下的任务乃是如何更有效地提高复语能力和跨文化交流能力，从而提升人才培养质量。

再者是"外语＋专业"。早期比较常见的是商务外语、国贸外语、旅游外语，近几年不少高校的外语学院开始结合高校自身特色与办学目标而设定学院、学科及专业的发展内涵。如南京航空航天大学提出全校办"三航"的口号，英语及日语专业均将民航业务作为专业特色。还有些农林院校开设农贸外语，医科大学开设医学外语。"外语＋专业"是外语复合型人才培养的一种思路，主要把外语与应用型学科相结合开展学科交叉建设，但问题的关键是要解决"复而不合"的问题，如何实现深度融合是新文科建设的内在要求。

(6) 外语教育学

外语教育是我国高等院校外语专业为适应我国基础教育阶段的外语师资需求而开设的专业方向，主要分布在师范院类校以及有师范背景的地方高等院校。近年来，对外语教育的学科设置呼声较高，主要有两种思路：一种是建设教育语言学学科（沈骑，2016；沈骑、邓世平，2018），另一种是建设外语教育学学科（王文斌、李民，2018）。这两种学科设置思路均以超学科范式开展以语言教育为核心的学科建设，通过确立外语教育的学科主体地位，强化语言和教育之间的内在联系，形成外语教育研究的理论方法，进一步提升外语教育的效果。从本质上看这两种学科建设思路只是学科名称上有所侧重，其内涵基本趋同。

外语教育学学科设置思路完全符合新文科建设要求，该学科以外语语言知识技能为学科基础，融语言学、教育学、心理学、教育技术学等相关学科的理论知识和研究方法开展外语教育规律研究，具有明确的研究领域及发展方向，是大外语学科建设一种重要的发展模式。胡壮麟（2015）建议，在高等教育国际化背景下，应从跨学科和超学科的视角进行外语教育改革，培养外语教育师资，以此保障国际化水平的提升。王文斌和李民（2018）从国家发展、社会需求、学科统合、专业调整以及学科优化等几个方面论证了外语教育学学科建设的必要性。与此同时，外语教育要充分利用现代化科技手段，把诸如人工智能、网络技术、信息化手段、语料库、大数据等手段应用到教学过程以及教育科学研究中。外语教育学学科的设立可以确立外语教育研究的学科主体地位（沈骑，2016），有助于外语教育研究水平、外语师资水平以及外语人才培养质量的全面提升。因此，把外语教育这一传统外语专业方向做大做强，探索外语教育内涵式发展，是外语学科的支柱发展方向，同时也是新文科、大外语建设的整体需求（安丰存、王铭玉，2021）。

第三节

外语学科建设的核心要求

1. 守正与创新

外语学科为经济发展做出了巨大贡献的同时，也累积了诸多问题。而问题的产生固然有外在的原因，但其内在的原因也不能忽视。其内在原因可归结在学科理念层面。概而言之，就是学科性质模糊、学科意识淡薄、学科立场不坚定、学科理念游移不定，一旦学生在就业市场竞争力下降，引起外界对外语学科专业的质疑，就进退失据，所寻找的解决方案不是立足于学科本体来解决，而是采取权宜之策，将自己作为工具依附于其他学科专业，试图以此消除学科危机、减缓压力，其结果反而为学科新增了难度。外语学科的振兴之路，首先应立足于强化学科专业的内涵建设，以此提高学科贡献度，提升学科在人文学科中的地位，提高人才培养的质量。这就是守正。即立足于学科本体，坚定学科理念，树立学科自信，进而不断深化学科体系、知识体系、学术体系、人才培养体系等方面的内涵建设。只有夯实了学科基础，学科体系发达，学科内部充满活力，学科的优势才能充分地发挥出来，学科的社会价值才能真正体现出来。缺乏学科意识，不能守学科之"正"，就会迷失学科发展方向。没有学科的"守正"为前提，创新也就失去了基础（查明建，2023b）。

那么学科本体到底是什么？外语学科作为人文学科的分支，其学科内涵和性质应符合人文学科的内涵和性质，即有其特定的知识体系和学术体系。有些学者认为，外国语言文学的学科体系在于外国语言学和外国文学；也有学者认为，文文交叉和文理交叉，交叉学科也属于外语学科体系的内涵。分歧较大，争论也一直不断。我们知道，传统上外语学科就是以外语对象国家的语言、文学、文化、哲学、历史等为对象的知识体系和学术体系，培养这些领域的人才是外语学科之"正"。本研究的访谈对象之一——北京外国语大学英语学院原院长张剑教授认为，外语学科之"正"是语言、文学、翻译和体系化的知识领域。他特别强调，外语可以跟其他专业复合，但不能放弃了学科内涵而沦为替其他专业服务的工具。

当然，学科内涵不是一成不变的，内涵拓展是社会发展之必然，也是外语学科价值意义的新体现。如国家的发展需要大量精通外语、具有国际视野、专业能力强的新领域人才，如涉外法律人才、全球治理人才、国别与区域研究人才、国际传播人才等。这些人才，有的需要外语学科来培养，有的需要外语学科与相关学科合作共同培养。所以说，新增设的国别与区域方向就是创新。

即便单从文学研究的角度来看，它已经不只是从前的审美研究和形式研究。它广泛运用了语言学、哲学、社会学、政治学、历史学的理论和方法，超越了人们所说的文本细读和内部研究，成为一种跨学科和交叉学科的研究。它的研究议题已经深入到了产生文学作品的社会、历史、经济和政治领域，涉及阶级、种族、性别、生态、战争、宗教，甚至贫穷、社会正义、老龄化等议题。比如，从历史和新历史主义的角度来研究英国浪漫派诗歌的做法已经成为一种时尚，将文学作品与当时的法国大革命、美国独立战争、女性解放、大英帝国、东方、奴隶贩运、现代性等议题结合起来研究也非常普及。这些都是交叉融合可能给这个学科带来的生气和活力（张剑，2023）。可以说，文学研究是守正，其内容和方法属于创新。往大处说，文文（政治学、经济学、哲学、史学等）、理文（外语与人工智能、信息、大数据）等以"外语为'本'、多学科协同发展"也是创新。

但创新很容易陷入只追求"新"而忘记"本"的泥沼。即没有真正把握存在的问题，不顾外语学科的本体，为了创新而创新，忘了"初心"。那样的"创新"不会产生好的效果，不可能持续发展，而只是短视行为。这种做法损害了外语学科的声誉，更加深了人们对外语学科的误解和偏见。创新务必要立足于学科本体，唯有此才能最大程度地发挥外语学科的优势，释放学科的活力，解决与外语学科相关度比较大的疑难问题，以顺应国家对外语学科的需求。因此，学科创新一定要警惕形式主义，避免为创新而创新的表面功夫和功利主义行为。

2. 立德树人

党的二十大报告明确要求"落实立德树人根本任务，培养德智体美劳全面发展的社会主义建设者和接班人，加快建设高质量教育体系"。思想铸魂育人、落实立德树人是人才培养底蕴，立德树人是新时代高等教育的价值目标和根本任务，也是实现建设目标的战略举措。《高等学校课程思政建设指导纲要》强调："而要实现立德树人的目标，必须构筑以知识传授、能力训练和塑造学生的思想品德和行动素质为核心的课程体系，使其形成有机的结合，方能达到完美的效果。"

专业内涵建设与思政教育融合，让思政元素合理嵌入课程体系，做到润物无声、如盐入水。首先，外语课程不仅担负着培养兼具民族情怀与国际视野的外语专业人才的使命，而且也是高校传播中外文化、价值观、知识体系的关键路径，所以应该深挖掘文化传播功能、价值观引领等作用，使学生的语言应用能力有所提高，并且为学生的跨文化意识提高输出价值（汪凤，2022）。正因为外语学科承担着"中华文化走出去"的重要使命，所以强化国家意识、牢固把握外语教育的价值导向性必须勇立潮头。其次，如前所述，外语教育事业承担着塑造人性、启民育人、培根铸魂的作用，故而其应该关注生命的价值和人的生存意义，要培养学生的人文情怀、塑造健全的人格并最终使其养成终身学习的能力。再次，当前大学教育在一定程度上存在过分强调专业训练和职业导向的倾向，却严重忽视了通识教育的意义。即便是学校层面和院系层面较为重视，但在某些情况下，学生的功利性追求比以往更重。探索卓越外语人才成长和发展规律既是大学的使命，也是教育工作者的职责。课程思政起到价值引领、价值塑造和价值重塑的作用，可以在这方面率先垂范。

如何有效促进专业教学与思政教育深度融合，同频共振，如何发挥外语教育塑造正确的价值观，培养高尚的精神品格，是新文科背景下外语专业建设的重要诉求和挑战。祝朝伟（2024）提出了四个关键要点。一是要把握课程思政的主线与重点。即要紧紧围绕"坚定学生理想信念，以爱党、爱国、爱社会主义、爱人民、爱集体"这一条主线，把握"政治认同、家国情怀、文化素养、宪法法治意识、道德修养"五个重点，系统进行中国特色社会主义和中国梦教育、社会主义核心价值观教育、法治教育、劳动教育、心理健康教育、中华优秀传统文化教育。二是要合理挖掘思政元素。外语专业教师要根据所上课程涉及的专业、行业、国家、国际、文化与历史，结合专业育人目标与学校实际，深入挖掘课程知识体系中所蕴含的思政元素并合理运用。三是要形成科学的课程体系。要以系统性思维统领课程思政，使课程思政与专业培养目标同向同行、形成合力。四是要注重检验育人效果。育人效果是唯一的检验标准，要努力增强思政育人的合理性、系统性与趣味性，提升课程思政的引领性、时代性和开放性，在课程评价中科学设置评价方式、评价标准和评价指标，让课程思政效果成为检验人才培养的重要组成部分。

当然，需要注意的是，不同的高校应该有不同的特点，不同的地域应允许各有侧重。例如，对于航空航天特色类院校的学生来说，不论学什么专业，对"三航"的理解和实践肯定要比非航空院校的学生要更深一些，要教育学生以"航空报国为己任"，为国家的航空航天事业读书和做研究。涉农高校的学生，首先要知农爱农，关心"三农"问题，对科技兴农、乡村振兴的情感更深一些。而师范院校的学生对"传道、授业"的实践和对"育人"的情怀更浓，更以"为人师表"为己任。再如海南地区和西北地区作为"一带一路"的重要连接点，相关国家政策在这些地区会被大力宣扬，在当地培养外语人才时，"服务于国家战略"就是重要的思政要素。这就是说，课程思政要有针对性，要接地气，不能成为虚无缥缈的空中楼阁。

3. 数字人文的融入

随着第四次技术革命浪潮的到来，数字技术给人文学科的发展插上了翅膀。近年来语言教学和科研中的"数字人文"研究越来越受到国内外学者的重视，为新文科背景下将信息技术融入语言教学提供了方法路径（陆俭明，2020）。数字人文教学法一方面将大量的授课信息以文字、图片、视频、音频等形式进行数字化呈现，使其更具趣味性、直观性、可回溯性和易接受性，另一方面授课手段的数字化使得授课形式更加灵活、学生参与度更强、沉浸式教学效果更加凸显（胡伟华、张睿，2022）。

外国语言文学与数字人文有着深厚的渊源和紧密的联系。因为外国语言文学是基于人文和文本的学科，而文本一直以来就是计算机最易处理的数据类型。与图像、音频和视频等不同，基于文本的数据处理由来已久，某些最早的计算机系统便可完成此类任务（Kirschenbaum，2010）。比如通过大量文本数据分析，发现其中的趋势和规律，开展对文学作品的定量研究；通过词频分析揭示文学作品中的主题趋势、情感色彩等；利用数字技术对文学作品进行存档、整理和可视化展示，使得文学研究和教学更加生动直观；现在甚至可以应用人工智能技术模拟文学创作过程，分析作家风格，生成诗歌、小说等文学作品。随着语料库的使用越来越广泛，外语研究极大地受益于计算机技术的进步。语料库的创建和共享、基于语料库的词法研究和机器翻译都是计算机技术应用于外语研究的重大里程碑。"外语＋数字人文"是文理科交叉融合的一个契机和途径，"外语＋数字人文"人才将兼具外语能力、人文素养和数字素养，具有思辨能力、创新能力与合作精神，正是当今国家和社会急需的能用英语在科技领域从事工作和研究的复合型、创新型人才，是数字文化和数字创意产业大潮中急需的中坚力量（刘夏、何高大，2022）。

数字化转型也将会为外语学科带来新的机遇。外语学科的数字化转型是指将数字技术应用于外语教学、科研和管理等各个方面，以提高效率、提升质量、拓展应用范围。数字化技术帮助外语教师获取更多优质教学资源，例如在线课程、数字教材、虚拟现实模拟场景等；帮助学生更有效地学习外语，为学生提供个性化的学习体验。以语言技能类课程教学为例，人工智能辅助语言学习平台可以根据学生的学习水平和兴趣推荐个性化的学习材料，并提供个性化的反馈和指导，帮助学生更有效地学习外语，提高学习效率。再如，虚拟现实的语言学习环境可以模拟真实的生活场景，例如商店、餐厅、医院等，学生可以在这些环境中进行语言练习，并体验不同文化，提高他们的跨文化交际能力（曾艳钰，2024）。外国语言文学学科在新一轮的数字化和智能化浪潮中，必须以数字技术赋能外国语言文学学科和专业内涵，多元化地培养能够解决现实问题的新文科外语人才。

需要说明的是，我们在解读新文科内涵时提到学科交叉和新技术的运用，但新文科不是单纯意义上的"新技术＋文科"，而是在数字人文范畴下，根植于人文的丰富性、层次性与结构性，探索"融入现代信息技术赋能文科教育，实现自我的革故鼎新"（教育部新文科建设工作组，2020）。学科交叉和新技术的运用都还只是创新的形式，而不是创新的内涵和实质。学科交叉、新技术的应用也并非一定能带来真正意义上的学科创新。科学、合理的学科交叉，可以发掘学科潜力、激发学科内生动力、建立新的学科增长点、焕发学科活力。形式主义的学科交叉，则是有弊无利。因此，学科交叉是有前提的，有其限定和边界(查明建，2023b)。

第四节

新文科背景下外语学科质量评价标准

吴岩(2021b)提出要把"新基建"的概念引入人才培养与教育教学中。所谓"新基建"主要包括：抓专业质量、抓课程质量、抓教材质量、抓技术水平。抓专业质量，专业是人才培养的基本单元，将教师、学生、教材、课程、管理等各个因素集中到统一的层面；抓课程质量，课程是人才培养的核心要素，"教师的教"与"学生的学"都是通过不同类型的课程作用在学生身上；抓教材质量，教材是人才培养的主要剧本，无论是纸质教材，还是各种形式的教学资源，都必须不断适应新时代发展，注重更新迭代；抓技术水平，现代信息技术是学习革命的关键突破。也就是说，课程、教材、师资（教学水平），这三部分组合是专业质量水平的重要决定因素。樊丽明(2020)也提出，新文科建设的重点在于新专业或新方向、新模式、新课程、新理论的探索与实践。其中，"新模式"指学术型人才培养的本研贯通模式、服务于人才培养的优质资源的整合等。从时任新文科建设工作组组长的樊丽明的分析来看，专业定位、教育模式、课程建设、理论产出将会成为新文科建设的重要任务。结合前几章的分析，本节在上述提及的各个要素中，主要分析课程、师资、社会服务、专业质量、思想的产生等要素。

1. 问题导向凸显度

正如本章第一节所提出的设问：一所高校的外语学科因何而存在？是服务行业，服务地方区域发展，还是服务国家对外战略？问题意识应该很明确，针对性应该很强。如果漫无目的，都朝着所谓的"热门方向"发展，过几年很可能又变成一种新的"同质化"局面。高校办学应有明确的问题意识，避免急功近利，防止教育短视化行为。

郑永年（2024）在一次访谈中说过："我们现在的文科与社会经济的脱离太严重了，形成了'两张皮'的局面——学习的内容是死的，与现实不相关。对于新文科，一定要思考怎么跟社会经济，跟技术的发展结合起来。"所以，一方面，学科建设要与实践相结合，力求将战略规划理论与国家、社会、个人的需求相融合，学科规划要落地生根；另一方面，彰显优势特色，寻求学科新的增长点。譬如，上海外国语大学立足外国语言文学学科本体，打造联合政治学、新闻传播学等的交叉学科集群，逐步形成特色鲜明、优势互补、交叉融合的新型学科体系。浙江大学的国际组织人才培养、中国民航大学的民航英语人才培养无不服务国家需求，且都是基于问题导向而设计的。外国语言文学学科和专业发展定位不仅要有大格局、大视野和大担当的气魄，而且要秉持因地制宜、因校制宜的特色发展理念。海南大学前院长金山教授所言"能将国家需要、地方需要、学校的定位以及专业的定位结合起来的目标才是最优的"，也正反映了专业的定位与其他三个定位的结合这一问题意识，即使其导向达不到国家需求这一高度，只要能符合学校的基本发展需求也是可以的。

2. 课程质量优异度

课程是高等教育中最基础、最关键的要素，也是连接教师与学生的纽带。教育质量取决于课程质量，新时代的人才培养必须以一流课程为支撑。一流课程应具有"高阶性、创新性和挑战度"，即"两性一度"，它能够合理提升学业挑战度、增加课程难度、拓展课程深度，切实提高课程教学质量。

高阶性就是知识、能力、素质有机融合，培养学生解决复杂问题的综合能力和高级思维。课程教学不是简单的知识传授，是知识、能力、素质的结合，且不只是简单的知识、能力、素质的结合。对本科生毕业认证的一个关键要求，就是毕业生解决复杂问题的综合能力和高级思维，没有标准答案，更多的是能力和思维的训练。创新性体现在三个方面：一是课程内容有前沿性和时代性；二是教学形式体现先进性和互动性，不是满堂灌，不是老师讲学生听；三是学习结果具有探究性和个性化，不是简单告诉学生什么是对的，什么是错的，而是培养学生去探究，能够把学生的个性特点发挥出来。挑战度是指课程一定要有一定难度，需要学生和老师一起，跳一跳才能够得着，老师要认真花时间花精力花情感备课讲课，学生课上课下要有较多的学习时间和思考做保障（吴岩，2018）。

"创新性"要体现出课程创新、教学创新、学习评价三位一体的建设模式：在课程创新方面，首先要适应新时代专业人才培养需求的变化，做好新课程的设计与开发，将学科与专业前沿知识引入课程，对传统课程进行整合；在教学创新方面，通过翻转课堂、混合式学习等教学方式提高课堂教学质量，引导学生进行自主学习、主动学习和高阶学习，践行学生中心的教育教学理念；在学习评价方面，关注教育评价和教学评价两个层面，切实提高学生学习增值成效。"高阶性"和"挑战度"要根据建构主义教育理念和现代学习理论，遵照外语专业教育规律和外语专业人才成长规律，在专业教育过程中科学设计课程和组织教学。引导学生开展包括应用性、整合性、反思性、归纳性、演绎性学习等在内的高阶性学习活动和以自主性学习、探究性学习、讨论式学习、合作性学习、基于问题的学习、基于项目的学习、案例分析、服务学习等为代表的主动性学习活动，提高学业强度，以能力为导向强化学生综合素质，促进学生学会学习和终身学习（严明，2023）。

根据教育部 2019 年颁布的《关于一流本科课程建设的实施意见》，2020 年、2023 年先后认定了两批国家级一流本科课程，共计 10 869 门，含线上一流课程、线下一流课程、线上线下混合式一流课程、虚拟仿真实验教学一流课程和社会实践一流课程等五类"金课"。国家要求，"金课"建设以质量为导向、以提质增效为目的。具备"两性一度"是"金课"建设的先决条件。

我们认为，一流课程的存在是一个学科/专业教育水平高低的重要体现之一。一门一流课程可以对其他课程起到辐射带动作用，以优带全。所以"金课"不应仅局限于某一门课程或者某几门课程，而应该成为提高课程教学质量的代名词，"金课"建设标准应向所有课程普及，实现"全覆盖"的目标；"金课"建设理念也应贯穿到人才培养的各个环节，"两性一度"要在外语类专业课程教学中全面体现。

3. 师资水平鉴别度

高素质外语人才的培养离不开高水平的师资队伍。那么什么样的人才算高水平教师？有学者指出，外语学科的高水平教师，即"外语+"师资，一般要求学位高（国内外世界一流大学博士）、专业能力强（兼具语言能力与跨文化沟通能力）、教学水平高（教学评教认可度高，获省部级以上教学成果奖）、科研能力强（在SSCI、CSSCI等期刊发表成果，主持省部级以上科研项目）、国际化程度高（海外名校毕业或访学，科研成果国际显示度高）等。高水平教师不仅能够培养优秀人才，而且能够提升学校科研能力，直接影响高校的社会声誉、服务能力等（王雪梅，2019）。当然，这种全能型人才应该是鲜有存在的，具备其中的一两个条件应该就算得上优秀人才。戴炜栋（2019）提出，在"以本为本"（人才培养为本，本科教育是根）、"四个回归"（回归常识、回归本分、回归初心、回归梦想）、"克服五唯"（唯论文、唯帽子、唯职称、唯学历、唯奖项）的大背景下，应进一步突出教学的核心地位，通过优化教师评估体系提升教师队伍素质。如前所述，长期以来的"重科研轻教学"现象已经严重阻碍了高校教学质量的提高，违背了高等教育发展的初衷，因此我们认为，教学能力是鉴别高水平教师最根本的必要条件。

教学能力表现在语言水平、教育理念、教学技能等诸多方面。语言水平是外语教师所掌握的外国语言知识、文化等的程度，这是一个外语教师最基本的能力。教育理念包括对师生关系的认识等，要真正做到改变教师和学生的原有角色体系，建立符合新学情的新角色体系和互动方式，以学生的学习和发展为中心，创新实现做学用合一的高效教学（张文忠、陈新仁、胡强，2024）。要尊重学生的个性，"因趣施教""因阶施教""因性施教""因能施教"（窦硕华、洪骥，2023）。

教学技能包括课程设计、教学方法的运用、教学资源的选择和利用、教学策略的设计等。课程设计是外语教师的重要工作之一，它直接影响着教学的质量和效果。教学方法及教学资源等也要适时而变。信息化、人工智能彻底改变了传统的教学方式，取而代之的是 e-learning、线上线下混合教学、慕课、翻转课堂、虚拟仿真教学和泛在学习。我们要将教育信息化作为教育系统性变革的内生变量，支撑引领教育现代化发展，推动教育理念更新、模式变革、体系重构，要积极发展"互联网＋教育"，要全力推动信息技术与教育教学深度融合，要利用信息技术提升教学水平、创新教学模式，利用翻转课堂、混合式教学等多种方式用好优质数字资源（教育部，2018a）。总之，教师应具备引导学生积极参与、创设良好学习环境以及激发学生学习兴趣的能力。教师态度与职业道德是决定教师教学水平的潜在因素。外语教师应对教育事业充满热爱和责任感，应该始终抱有帮助学生成长和发展的愿望，应该具备良好的师德师风，包括诚信、责任、公正和尊重，应该以诚实守信的态度对待学生，履行教育承诺，不懈追求教学的公正性和客观性。

当然，教师的水平不仅只体现在课堂，教师自身也应参加教学大赛、带领学生参加各种比赛、指导学生从事大创项目、建立实习实践基地、带领实习等。这些也是新时代对外语教师水平的评价标准。

当然，跨学科背景下，高校外语学科面临的紧急情况就是双师型教师匮乏这一问题。比如传统复合型外语培养中存在着商务英语专业中教师不懂商务的问题，只能空谈理论。因此，新文科背景下，教师要弥合理论与实务"两张皮"的隔阂，这就要求教师不仅要关注理论科研水平之发展，更要注重实务教学技能之提高，建构双师教学。双师型教师培养不能只是空谈，也不能当作不可逾越的鸿沟。中国民航大学给出了一个可供借鉴的先例，在学院层面，外国语学院院长长期带领教师转型；在学校层面，学校要求评职称必须具备在民航领域60天以上的工作经历，在政策上进行引导，走在了全国前列。事实上，最近一两年内，有些高校在统计教师的行业背景情况，这就释放出一个信号：鼓励外语教师积极走出高校，进入产业行业挂职、兼职或进行课题项目研究，真正做到"走出去""融进去"，这是一个好的开端。

4. 产教融合实现度

高等教育不是封闭的象牙塔式教育，与需求接轨才是保证外语学科发展的动力来源。这就是目前常提的需求导向。只有让学生与社会需求接轨，才能形成有效的职业规划，形成相对客观的认知，对未来的学习起到指导作用。

2022年10月，党的二十大报告指出，要"推进职普融通、产教融合、科教融汇"。产教融合被赋予了最高级别的定位。实现产教融合的最佳途径是建设产学研一体化基地，而将产业教师"引进来"则是行之有效的方法。2017年国务院发布的《关于深化产教融合的若干意见》提出，支持企业技术和管理人才到学校任教，鼓励有条件的地方探索产业教师（导师）特设岗位计划。行业领域专家进课堂是产教融合的重要实现形式之一。即根据需求，要面向产业与行业，建立起人才交流互通的绿色通道，将具备丰富实践经验的高级行业人才、专家引入到常规师资队伍当中。这可以对跨学科教师资源进行有益的补充与拓展。

当然，产教融合课程体系有很多升级路径，可借鉴的校企合作创新举措也不在少数，如项目进课堂，即将企业已经完成的真实项目移入课堂，让课堂教学内容实现"职场化"，达到虚拟仿真的效果；基于具体案例和场景邀请企业和实习生联合开办讲座、沙龙等，将真实的语言服务场景嵌入课堂，以分享成长经验；企业人力资源部门对实习学生的能力进行全方位评判和界定，以此反推并形成语言服务课程框架，进而修订教学大纲和培养方案，并帮助学生对自己的职业能力形成客观评价（刘和平、韩林涛，2022）。

甚至也可以采取学生参与企业项目式实习的形式，将课堂搬到企业，在运用语言、了解企业的基础上，服务于企业，达到校企共赢的目标。因此外语人才培养应将人才的出口前移，适时将高等教育与市场的人才需求紧密衔接，鼓励学生"走出去"，保证学习的深度与宽度，让学生在"干"中学，在学中"干"，在实践中得到历练。

外语学科的可持续发展需要国家、政府、地方、行业、学校等的多方共同努力。国家、政府从战略层面进行顶层设计，制定国家语言战略和中长期语言规划，科学布局，宏观引导。地方和行业部门分析、预测和统计人才需求信息。政府部门则扮演协调人和行业监督的角色。学校统筹协调，院系科学办学（庄智象、陈刚，2017）。因此，要促进政产学一体化，提升学科/专业吸引力。

5. 社会服务能力健全度

外语学科具备社会服务功能。比如，结合外语语言学、翻译学知识，充分利用计算机科学、社会学、传播学、经济学等多个学科的理论与方法，可以系统研究和解决翻译应用、企业国际化、全球市场调研、多媒体编创、品牌与软件本地化、语言数据研发、多语种培训、跨语言管理、语言标准化、语言文化贸易和文化传播等领域中的实际问题（王立非，2021）。2017年，教育部批准备案了390余家国别与区域研究中心，其中多数备案中心由外语学科牵头，全方位综合研究相关国家和区域的政治、经济、文化、社会等方面，其研究成果多以资政专报的形式被呈送至相关部门（彭青龙，2018）。这表明外语学科具有跨语言、跨文化优势，在资政启民、多语人才服务等方面大有可为。

譬如，上海外国语大学对接国家战略，重点建设具有较高战略地位和较强国际影响力的高端智库，构建多语种社会服务体系。2018年9月，上海全球治理与区域国别研究院落户上海外国语大学，至今已初步建成多语种全球治理与区域国别研究数据中心，融"资政、咨商、启民、育人"于一体（王雪梅，2019）。此外，本书所调研的四所高校的外国语学院，无一不体现出各自强大的社会服务功能。如浙江大学外国语学院的"语言与老龄化研究中心"为社区老年人提供语言与认知健康的系列服务，包括全面筛查老年人的语言和认知能力，为保障国民健康提供助力；中华译学馆助力成功申遗，为弘扬优秀文化尽心尽力。北京外国语大学英语学院有专门研究美国、英国、加拿大和澳大利亚等国家的研究中心，从事这些研究的教师积极参与行业服务，为中央领导或政府部门提供政策建议，为政府部门和外向型企业提供外语培训。中国民航大学外国语学院的教师参与民航局、航空公司、机场、空管等民航一线单位的翻译及科研任务，为民航局开展的安全能力提升项目和民航英语培训，还为讲好中国民航故事、服务于中国民航对外话语体系的建构尽心尽力。海南大学外国语学院在服务海南自贸港建设方面发挥高校咨政启民的智库作用，并且在助力海南历史文化研究方面做出了突出的贡献。可以说，这些高校的外语学科均发挥了强有力的社会服务功能。正因为其发挥了相应作用，才不脱离社会实际，遑论被社会所遗忘甚至抛弃。所以说，社会服务能力也是一所高校外语学科质量评价的重要指标之一。

6. 外语教育理念创新度

彭青龙（2018）认为，基于中国从大国向强国迈进的需要，外语学科的科学研究要以构建中国特色的学术话语体系为己任，助推人类命运共同体建设。中国外语学习者众多，具有独特的认知过程和特点，所以需要探讨适合中国外语学习者特点的教学方法和手段，产生服务于我国外语人才培养的研究成果，而不能仅仅借鉴国外。因此，外语界学者须立足中国，探索中国外语研究与国际学术前沿的契合点，并针对中国外语教育教学的实际问题，发扬优良传统，借助人工智能、大数据等发展丰富外语研究方法、研究体系，同时拓展外语研究内容，创新外语教育教学实践，推出具有原创性与实践性的"外语＋"成果，逐步构建具有中国特色的外语教育体系，并实现该体系的国际表达(王雪梅，2019)。

当然，教育理论的产生并非易事，或许短期内我们无法造就轰动世界的原创性外语教育理论。正如北京外国语大学张剑教授所述，自主知识体系的产生不是一朝一夕之功，可能需要几代人的努力。再者，单凭一所高校的实践可能也难以形成具有影响力的教育理论。但我们要有这样的宏伟目标，在这样的目标指引下，哪怕产出适合自己学校的具有指导意义的教学方法也是非常有价值的。

比如，教师要树立课程质量意识，要检验、反思自己的课程是否达到或接近"两性一度"。即是否将学科与专业前沿知识引入课程；是否通过翻转课堂、混合式学习、微课等教学方式提高课堂教学质量，引导学生进行自主学习和高阶学习，践行以学生为中心的教育教学理念；是否引导学生开展包括反思性、归纳性、演绎性学习等在内的高阶性学习活动引导创新意识；是否以探究性学习、基于问题的学习、基于项目的学习、案例分析等培养学生的思维能力和思辨能力；是否通过讨论式学习、合作性学习等提高协作能力；是否提高了学业强度；是否强化了学生的综合素质，促进学生学会学习和终身学习；是否在产教融合领域做出了特色；是否在社会服务上形成了一些亮点，社会服务是否又反哺教学；等等。即便只在某一方面或几个方面做出了独到之处，也是有价值的。教育教学理念/实践方法是教学水平的重要体现。

7. 学生专业认同度

近年来，包括外国语言文学学科在内的文科类专业在社会上引发了一些争议，甚至出现了文科"无用论"的论调，这严重影响到了学生的专业认同感（认同度）。本书访谈对象之一的北京外国语大学张剑教授也指出，外语专业在社会上引起质疑，其原因之一也是学生只进行了语言知识的学习，而未进入体系化的知识领域，语言水平提高了，但专业内容全忘了，就不可能有专业认同感。

当然，许多高校也都开展了专业认同感教育，比如一些高校开设的"××专业导论"就是典型的例子。但专业认同感教育要想取得成效，光靠理论说教是行不通的，它渗透在育人的整个环节中。首先，就业质量起到非常关键的决定性作用。就业是否与外语行业相关，尤其是否与"外语+"（交叉学科）相关，是否呈现与交叉学科相关的趋势。如果无关或者关系不大，所学非所用，那专业的向心力必然会骤降。其次，在"外语+"人才培养过程中，要创造"+"的氛围。比如在课程体系中，要有大量"+"的课程；第二课堂应呈现"+"的趋势；职业规划课程、实习实践、毕业论文、社会服务、产教融合都应与此相关。学生只有沐浴在这样的氛围中，才会形成对专业的信心，产生学习的动力和激情。比如中国民航大学外国语学院在外语学科建设中，课程、实习实践等方面都向民航靠拢，形成民航全覆盖，营造出了浓郁的民航氛围；海南大学外国语学院在课程、学术沙龙、实习实践乃至于教师的研究中都提倡与"公共外交"相关；浙江大学在国际组织人才培养中，其战略合作伙伴、校外实习实践及国际组织实习基地建设，都彰显了服务国家战略的浓厚氛围。所以，在人才培养的整个过程中，是否展现出与培养目标一致的氛围，是新文科背景下外语学科质量评价的一个重要标准。

8. 专业质量优化度

新文科建设的重要举措之一是促进专业优化。为了推进这一工作，教育部于2019年启动了"双万计划"，计划用3年时间在全国建成一万个左右的国家级一流本科专业点和一万个左右的省级一流本科专业点，俗称"金专"。截至2022年6月，教育部共实施了三轮一流本科专业建设点的申报和认定工作，共认定了国家级一流本科专业建设点11 761个，省级一流本科专业建设点15 727个（严伟祥、胡熠，2024）。虽然"双万计划"认定已经结束，但如何建设"金专"、如何优化文科专业结构、推动文科专业建设水平不断提升，这些工作才刚刚开始。

祝朝伟(2024)提出，为了更好地树立专业优化意识，真正打造出"金专"，应坚持三个导向，即需求导向、目标导向与特色导向。一是外语专业建设必须瞄准国家重大战略目标，紧扣国家软实力建设和文化繁荣发展新需求，坚持凝练专业特色，服务国家与地方发展需求。二是要积极发展文科类新兴专业。要紧跟新一轮科技革命和产业变革新趋势，树立"外语＋"理念，推进外语专业与语言智能、智慧金融、健康服务与管理、大数据管理与应用、航空服务艺术与管理、艺术管理、供应链管理、金融科技等专业的复合融通，一方面推动原有外语专业的改造升级，另一方面积极发展新兴的文科类专业。三是注重打通学科壁垒，倡导交叉融合。刘建军(2021)认为，新文科要"突破传统文科的思维模式，以继承与创新、交叉与融合、协同与共享为主要途径，促进多学科交叉与深度融合"。这里的传统文科的思维模式，是指文理分科、单纯强调文科独立性与纯粹性的思维模式。新时代的新文科建设，就是要努力打通学科壁垒，倡导文科与理工农医等自然学科的文理交叉、文科与文科的文文交叉，实现知识、能力与素养的融合贯通。

也就是说，外语学科建设质量与专业建设质量是密不可分的。

参考文献

安丰存，李柏年，2021. 新文科视阈下外语课程思政与外语人才核心素养培养［J］. 外语电化教学（6）：7，45－50.

安丰存，王铭玉，2019. 新文科建设的本质、地位及体系［J］. 学术交流（11）：5－14.

安丰存，王铭玉，2021. 新文科视阈下的大外语观及学科建设内涵［J］. 外语研究（3）：58－65.

安丰存，王铭玉，2024. 新时代外语学科核心素养建构：价值意蕴、内涵维度与实施路径［J］. 外语研究（3）：57－63.

敖竹梅，2023. 人工智能来袭，英语教师"遍地"，英专毕业生如何自救？［EB/OL］.（03－21）［2024－01－12］. https：//www. thepaper. cn/newsDetail_forward_22382128.

北京外国语大学，2021. 庆祝北京外国语大学建校80周年大会隆重举行［EB/OL］.（09－26）［2024－02－02］. https：//news. bfsu. edu. cn/archives/287983.

蔡德贵，2022. 美国的新文科探索及其"疑"与"难"［J］. 新文科理论与实践（3）：115－122，128.

蔡基刚，2017. 从语言属性看外语教学的工具性和人文性［J］. 东北师大学报（2）：1－6.

蔡基刚，2018a. 大学英语：如何避免"水课"成就"金课"［J/OL］. 文汇报（11－16）：7.

蔡基刚，2018b. 国家经济发展需求视角下的英语专业危机及其出路［J］. 当代外语研究（6）：1－9.

蔡基刚，2021. 学科交叉：新文科背景下的新外语构建和学科体系探索［J］. 东北师大学报（哲学社会科学版）（3）：14－19，26.

蔡基刚，2023. 外语教学跨学科背景下的第六代大学英语教材探索［J］. 外语电化教学（1）：88－92，177.

常俊跃，2015. 对我国高校英语专业课程学科内容组织模式多元化的思考［J］. 中国外语（2）：8－14.

陈凡，何俊，2020. 新文科：本质、内涵和建设思路［J］. 杭州师范大学学报（社会科学版）（1）：7-11.

陈曼，2023. 新文科背景下地方高校外语专业人才培养的机遇与挑战［J］. 湖北师范大学学报（哲学社会科学版）（5）：138-143.

陈先红，2022. 返回中国性：提升中国学术国际话语权的新文科建设路径［J］. 人民论坛·学术前沿（2）：48-55.

陈跃红，2020. 新文科：智能时代的人文处境与历史机遇［J］. 探索与争鸣（1）：11-13.

储朝晖，2021. 警惕"新文科"沦为形式化学术［N］. 中国科学报（11-23）：4.

崔延强，段禹，2021. 新文科究竟"新"在何处：基于对人文社会科学发展史的考察［J］. 大众教育科学（1）：36-43.

崔延强，林笑夷，段禹，2024. 新文科背景下复合型人才培养实践模式研究［J］. 苏州大学学报（教育科学版）（1）：58-67.

戴炜栋，2019. 新时代我国外语专业如何实现可持续发展［N］. 社会科学报（01-17）：5.

戴炜栋，胡壮麟，王初明，2020. 新文科背景下的语言学跨学科发展［J］. 外语界（4）：2-9，27.

邓世平，2023. 新文科与课程思政视域下理工类 ESP 教材编写：原则、现状与路径［J］. 外语教材研究（00）：24-43.

丁超，2017. 对我国高校外语非通用语种类专业建设现状的观察分析［J］. 中国外语教育（4）：3-8.

窦硕华，2023. 新文科背景下高校外语学科的建设理念与实践路径探索［J］. 南京航空航天大学学报（社会科学版）（1）：111-116.

窦硕华，洪骥，2023. 日语专业学生满意度实证研究：基于19所公办大学的考察［J］. 高教学刊（9）：7-12.

樊丽明，2019. 对"新文科"之"新"的几点理解［J］. 中国高教研究（10）：10-11.

樊丽明，2020. "新文科"：时代需求与建设重点［J］. 中国大学教学（5）：4-8.

冯果，2019. 新理念与法学教育创新［J］. 中国大学教学（10）：32-36.

顾洁，2019. 新文科视域下新闻传播教育的实践与创新［J］. 中国新闻传播研究（4）：21-30.

郭英剑，2020. 对"新文科、大外语"时代外语教育几个重大问题的思考［J］. 中国外语（1）：4-12.

郭英剑，2021. 新文科与外语专业建设［J］. 当代外语研究（3）：29-34.

国务院学位委员会第六届学科评议组，2013. 学位授予和人才培养一级学科简介［Z］.

北京：高等教育出版社.

韩宝成, 2018. 整体外语教育及其核心理念 [J]. 外语教学 (2)：52-56.

何莲珍, 2021. 新文科与外语学科建设：综合性大学的探索与实践 [J]. 中国外语 (1)：8-9.

何宁，王守仁, 2021a. 高校外语专业学生外语运用能力的培养 [J]. 外语教学 (1)：1-4.

何宁，王守仁, 2021b. 新文科、新外语、新导向：论外语专业人才培养的发展与创新 [J]. 外语教育研究前沿 (4)：3-8，91.

何三宁，张道振，李翠英, 2018. 英语专业：对不起"良心"吗？[J]. 当代外语研究 (6)：32-45，60.

胡开宝, 2020. 新文科视域下外语学科的建设与发展：理念与路径 [J]. 中国外语 (3)：14-19.

胡开宝，王晓莉, 2021. 语言智能视域下外语教育的发展：问题与路径 [J]. 中国外语 (6)：4-9.

胡伟华，张睿, 2022. 新文科背景下特色工科院校学科交叉英语专业人才培养路径研究：以纺织服装类特色工科院校为例 [J]. 中国外语 (5)：18-23.

胡文仲, 2014. 试论我国英语专业人才的培养：回顾与展望 [J]. 外语教学与研究 (1)：111-117.

胡文仲，孙有中, 2006. 突出学科特点，加强人文教育：试论当前英语专业教学改革 [J]. 外语教学与研究 (5)：243-247，319.

胡壮麟, 2015. 对中国外语教育改革的几点认识 [J]. 外语教学 (1)：52-55.

胡壮麟, 2019. 坚守信念 服务国家：从外语实践到语言教育与研究 [J]. 外语教育研究前沿 (3)：3-7.

黄国文, 2022. 新文科背景下的外语教育 [J]. 语言教育 (4)：3-11.

黄慧，彭云, 2024. 新文科背景下外语专业学生跨学科素养模型构建 [J]. 外语界 (2)：54-62.

黄梦婉，王蒙, 2023. 从"人文科目"到"实用科学"："文科"概念的内涵演变 [J]. 高等教育研究 (11)：86-94.

黄明东，王祖林, 2021. 高校新文科建设的探索与理性审视 [J]. 新文科教育研究 (2)：31-38.

黄启兵，田晓明, 2020. "新文科"的来源、特性及建设路径 [J]. 苏州大学学报（教育科学版）(2)：75-83.

黄循伟, 1998. 文科教育的时代特点 [J]. 上海高教研究 (7)：56-58.

季卫东, 2020. 新文科的学术范式与集群化 [J]. 上海交通大学学报（哲学社会科学版）(1)：11-14.

贾文山, 马菲, 2021. 从对中国新文科的回望到对全球新文科的畅想 [J]. 扬州大学学报（人文社会科学版）(2)：104-111.

蒋洪新, 2010. 人文教育与高校英语专业建设 [J]. 中国外语 (3)：10-13, 18.

蒋洪新, 2019. 新时代外语改革的几点构想 [J]. 外语界 (1)：13-16.

蒋洪新, 彭天笑, 2022. 外语学科建设的行稳致远 [J]. 外语界 (3)：2-5.

蒋洪新, 杨卓, 2023. 外语学科平台与跨领域建设 [J]. 外语教育研究前沿 (2)：7-10, 92.

姜智彬, 2019. 新文科背景下外语人才培养的定位 [N]. 社会科学报 (04-04)：5.

教育部, 2018a. 教育部信息化2.0行动计划 [EB/OL]. (04-25) [2024-03-19]. http://www.moe.gov.cn/srcsite/A16/s3342/201804/t20180425_334188.html.

教育部, 2018b. 教育部关于加快建设高水平本科教育，全面提高人才培养能力的意见 [EB/OL]. (10-08) [2024-03-20]. http://www.moe.gov.cn/srcsite/A08/s7056/201810/t20181017_351887.html.

教育部, 2019. 关于一流本科课程建设的实施意见 [EB/OL]. (10-30) [2024-02-08]. http://www.moe.gov.cn/srcsite/A08/s7056/201910/t20191031_406269.html.

教育部, 2023. 关于公布2022年度普通高等学校本科专业备案和审批结果的通知 [EB/OL]. (04-06) [2024-01-12]. http://www.moe.gov.cn/srcsite/A08/moe_1034/s4930/202304/t20230419_1056224.html.

教育部高等学校教学指导委员会, 2018. 普通高等学校本科专业类教学质量国家标准 [S]. 北京：高等教育出版社.

教育部新文科建设工作组, 2020. 新文科建设宣言 [R]. 威海：教育部新文科建设工作会议 (11-03).

金利民, 2010. 注重人文内涵的英语专业课程体系改革 [J]. 外语教学与研究 (3)：176-183, 240.

金莉, 2022. 加强外语学科内涵建设打造学科发展新局面 [J]. 中国外语 (3)：1, 12-15.

李爱敏, 2016. "人类命运共同体"：理论本质、基本内涵与中国特色 [J]. 中共福建省委党校学报 (2)：96-102.

李维屏, 王雪梅, 2019. 构建学科联盟平台，促进一流学科发展 [J]. 外语界 (2)：14-

15，23.

李炜炜，2023. 人工智能赋能外语教育改革：理念创新与行动逻辑［J］. 中国高等教育（9）：49-52.

李宇明，2018. 语言学是一个学科群［J］. 语言战略研究（1）：15-24.

李宇明，2019. 全球治理体系改革需要语言助力［N］. 光明日报（07-27）：12.

李佐文，梁国杰，2022. 语言智能学科的内涵与建设路径［J］. 外语电化教学（5）：88-93，117.

刘和平，韩林涛，2022. 新文科背景下融合型语言服务人才培养模式［J］. 外语教育研究前沿（4）：27-33，91.

刘宏，2021. 外语院校新文科建设理论与实践［J］. 中国外语（1）：15-16.

刘建军，2021. "新文科"还是"新学科"？：兼论新文科视域下的外国文学教学改革［J］. 当代外语研究（3）：21-28.

刘坤，李龙，2022. 重构与推进：新文科背景下的高校哲学社会科学变革［J］. 学位与研究生教育（1）：21-30.

刘夏，何高大，2022. 数字人文与新文科视角下的英语专业人才培养探索［J］. 外语电化教学（1）：27-33，105.

刘艳红，2019. 新文科建设背景下的高校图书馆服务研究［J］. 图书与情报（4）：115-118.

刘玉梅，2018. 外语学科专业建设的反思与超学科前瞻［J］. 中国外语（3）：4-12.

龙宝新，2021. 中国新文科的时代内涵与建设路向［J］. 南京社会科学（1）：135-143.

陆俭明，2020. 顺应科技发展的大趋势语言研究必须逐步走上数字化之路［J］. 外国语（4）：1-11.

罗世平，2000. 也谈21世纪复合型外语人才培养模式［J］. 外语界（3）：8-11，17.

罗选民，梁燕华，叶萍，2023. "双新"背景下复合型外语人才培养的内涵、特色与路径：以广西大学新文科研究与改革实践项目为例［J］. 外语界（1）：18-23.

吕凯，2024. 希拉姆新文科范式及其对中国的启示［J］. 教育与教学研究（8）：101-115.

马国燊，宁小花，郭德红，2024. 新文科建设背景下的财经学科建设研究：以中央财经大学为例［J］. 北京教育（高教）（6）：12-15.

马骥，2019. 新文科背景下《决策理论与方法》课程教学改革分析［J］. 知识经济（30）：144-145.

马世年，2019. 新文科视野下中文学科的重构与革新［J］. 西北师大学报（社会科学版）（5）：18-21.

马骁，李超，2023. 财政学跨专业跨学科交叉发展路径探析［J］. 中国大学教学（10）：45-49.

马骁，李雪，2020. 创新与融合：学科视野中的"新文科"建设［J］. 中国大学教学（6）：31-33.

麦可思，王慧，2018. 一场新文科的尝试［N］. 北京日报（09-19）：19.

孟庆楠，罗卫华，曾罡，2022. 新文科背景下国家级一流英语本科专业建设的探索与实践：以大连海事大学海事特色复合型外语人才培养模式为例［J］. 中国外语（5）：4-12.

宁琦，2020. 社会需求与新文科建设的核心任务［J］. 上海交通大学学报（哲学社会科学版）（2）：13-17.

宁琦，2021. 新时期外语教育的定位与任务［J］. 中国外语（1）：16-17.

彭青龙，2016. 论学科评估新趋势和外语学科内涵建设新路径［J］. 外语界（3）：34-41.

彭青龙，2018. 论外语学科方向变化新特点与内涵建设新思路［J］. 外语电化教学（3）：3-7.

彭青龙，2023. 外语学科区域国别学人才培养与科学研究面临的挑战、机遇和定位［J］. 外语教学理论与实践（1）：8，9-17.

彭青龙，2024. 危局·变局·格局：人工智能时代外国语言文学学科和专业的困境与出路［J］. 外语与外语教学（3）：20-30，146.

曲卫国，2018. 和蔡基刚教授谈谈英语专业的良心和毛病［EB/OL］.（12-05）［2022-07-31］. http：//www. yidianzixun. com/article/0Kl73kcg？s=&appid=oppobrowser.

曲卫国，陈流芳，2019. 论英语本科专业守正创新所必须面对的问题［J］. 外国语言文学（3）：227-240.

曲卫国，陈流芳，2020. "新文科"到底是怎样的一场教学改革？［J］. 当代外语研究（1）：14-25.

任海丹，2013. 刍议日语强化人才培养模式：以大连东软信息学院为例［J］. 黑龙江教育学院学报（11）：195-196.

人民网，2018. 习近平在中国科学院第十九次院士大会、中国工程院第十四次院士大会上的讲话［EB/OL］.（05-29）［2023-04-06］. http：//politics. people. com. cn/n1/2018/0529/c1024-30019281. html.

沈骑，2016. 教育语言学的学科创新及对我国外语教育研究的学科意义［J］. 外语与外语教学（3）：7-13.

沈骑，2018. 语言规划视域下的大学外语教学改革［J］. 外语教学（4）：49-53.

沈骑, 邓世平, 2018. 教育语言学视域下的中国高校外语学科"双一流"建设 [J]. 中国外语 (5): 25-33.

史菊鸿, 2023. 新文科语境下再谈项目式教学的意义: 以英语专业《新闻英语》课程教学为例 [J]. 山东外语教学 (3): 77-84.

束定芳, 2017. 中国特色外语教学理论的深厚实践基础: 陆谷孙先生的外语教学理念与主张 [J]. 外语界 (1): 15-21.

孙丰果, 2016. 中国应用语言学发展的若干问题: 文秋芳教授访谈录 [J]. 外语教学理论与实践 (2): 8-13.

孙毅, 2018. 英语专业究竟哪一点对不起良心? [J]. 当代外语研究 (6): 19-24.

孙有中, 2019. 振兴发展外国语言文学类本科专业: 成就、挑战与对策 [J]. 外语界 (1): 2-7.

孙有中, 张虹, 张莲, 2018. 《国标》视野下外语类专业教师能力框架 [J]. 中国外语 (2): 4-11.

孙宇, 董辉, 陈宇, 2024. 新文科背景下加强外语学科内涵建设研究: 比较文学与跨文化研究的视角 [J]. 中国高等教育评论 (1): 186-198.

唐衍军, 2020. 新文科教育引领新闻人才培养理念创新 [J]. 新闻论坛 (2): 111-114.

陶东风, 2020. 新文科新在何处 [J]. 探索与争鸣 (1): 8-10.

陶芸, 2013. 创新型人才培养与日语专业教学改革探索: 兼论中央民族大学日语专业今后发展方向 [J]. 民族教育研究 (2): 22-27.

佟和龙, 2023. 数字人文视域下我国英语专业改革发展的路径 [J]. 外语电化教学 (1): 25-31, 108.

汪凤, 2022. 新文科背景下高校外语课程思政建设研究 [J]. 辽宁科技学院学报 (3): 67-69.

王军哲, 2020. 新文科背景下外语类院校一流本科建设探索与实践 [J]. 外语教学 (1): 3-6.

王俊菊, 2021. 新文科建设对外语专业意味着什么 [J]. 中国外语 (1): 1, 24.

王乐, 王晓溪, 2023. 新文科背景下对语言学教材建设的思考 [J]. 外语研究 (3): 42-46.

王立非, 2021. 从语言服务大国迈向语言服务强国: 再论语言服务、语言服务学科、语言服务人才 [J]. 北京第二外国语学院学报 (1): 3-11.

王铭玉, 2017. "一带一路"建设与语言战略构建 [J]. 中国外语教育 (1): 3-7, 99.

王铭玉, 2020. 新文科: 一场文科教育的革命 [J]. 上海交通大学学报 (哲学社会科学版) (1): 19-22.

王铭玉, 张涛, 2019. 高校"新文科"建设: 概念与行动 [N]. 中国社会科学报 (03-21): 4.

王宁, 2020. 新文科视野下的外语学科建设 [J]. 中国外语 (3): 4-10.

王文斌, 李民, 2018. 外语教育属于什么学科?: 外语教育学构建的必要性及相关问题探析 [J]. 外语教学 (1): 44-50.

王鑫, 2017. 高校重科研轻教学的理论分析: 一个新视角 [J]. 大连理工大学学报 (社会科学版) (2): 128-132.

王学典, 2020. 何谓"新文科" [N]. 中华读书报 (06-03): 5.

王学典, 2022. 新文科与新时代 [J]. 新文科理论与实践 (1): 38-47, 124-125.

王雪梅, 2019. 新时代一流外语学科建设: 内涵、原则与路径 [J]. 外语界 (1): 23-30, 60.

王兆璟, 2019. 新文科建设与教育学的时代变革 [J]. 西北师大学报 (社会科学版), (5): 31-35.

王志强, 王寰, 肖璐璐, 2016. 国外语言类高校学科发展研究 [J]. 外语电化教学 (6): 90-94.

魏琛, 2020. 新文科视域下认知语言学研究的五个维度 [J]. 北京科技大学学报 (社会科学版) (1): 39-50.

文秋芳, 2016. 一带一路语言人才的培养 [J]. 语言战略研究 (2): 26-32.

文秋芳, 2019. 新中国外语教育 70 年: 成就与挑战 [J]. 外语教学与研究 (5): 735-745.

文旭, 司卫国, 2018. 从复合型人才培养到"全人"教育 [J]. 山东外语教学 (3): 50-60.

吴岩, 2018. 建设中国"金课" [J]. 中国大学教学 (12): 4-9.

吴岩, 2019. 新使命、大格局、新文科、大外语 [J]. 外语教育研究前沿 (2): 3-7, 90.

吴岩, 2021a. 积势蓄势谋势 识变应变求变 [J]. 中国高等教育 (1): 4-7.

吴岩, 2021b. 抓好教学"新基建"培养高质量外语人才 [J]. 外语教育研究前沿 (2): 3-6.

习近平, 2016. 在哲学社会科学工作座谈会上的讲话 [N]. 人民日报 (05-19): 2.

习近平, 2018. 在北京大学师生座谈会上的讲话 [N]. 人民日报 (05-03): 2.

习近平, 2022. 把中国文明历史研究引向深入 增强历史自觉坚定文化自信 [J]. 求知 (8): 4-6.

夏文斌, 2019. 新文科新在何处 [J]. 石河子大学学报 (哲学社会科学版) (6): 133.

肖向荣, 2020. 面向"新文科"未来的"整体艺术"[J]. 艺术设计研究 (3): 115-120.

谢阳斌, 桑新民, 2018. 如何在"双一流"建设中促进科研与教学协同发展: 国际教学学术运动的深层反思与战略谋划[J]. 教育发展研究 (7): 8-15.

新华社, 2018. 习近平出席全国教育大会并发表重要讲话[EB/OL]. (09-10)[2024-02-1]. https://www.gov.cn/xinwen/2018-09/10/content_5320835.htm.

徐飞, 辛格, 2022. 新文科的体系建设及"钻石模型"[J]. 新文科理论与实践 (1): 48-60, 125.

徐洪征, 2024. 新文科背景下俄语专业特色建设实践与探究: 以中国传媒大学俄语专业为例[J]. 中国俄语教学 (1): 76-83.

许婧, 王力, 翱翔, 2024. 高原型飞机到底"高"在哪?[EB/OL]. (02-26)[2024-08-01]. https://mp.weixin.qq.com/s?__biz=MzA5NTEzNzAxMw==&mid=2650542988&idx=1&sn=c53cd7aa8924edd52cfd1a8400508c35&chksm=884b4e16bf3cc700bcf8dcd9531882de324903cfab8bc5ec4e80b465f6b8e4b2cf4ef951eda4&scene=27.

严俊, 胡明泽, 2024. 新文科背景下新闻传播学微专业人才培养: 基于26个新闻传播学微专业培养方案的研究[J]. 中国大学教学 (6): 11-18, 32.

严明, 2023. 新时代普通高校外语类一流本科专业建设的若干思考[J]. 外语学刊 (1): 81-86.

严伟祥, 胡熠, 2024. 新文科语境下投资学一流专业建设路径研究[J]. 凯里学院学报 (4): 119-124.

杨启亮, 2008. 教学的教育性与教育的教学性[J]. 教育研究 (10): 21-26.

叶玉珠, 2024. 数字人文视域下国内外语学科数据基础设施建设研究[J]. 外语电化教学 (2): 92-96, 114.

殷健, 陶李春, 冯志伟, 2022. "大外语"的"范式革命"与外语研究方法论创新: 冯志伟教授访谈录[J]. 外语教学理论与实践 (1): 8-14.

袁筱一, 2022. "新文科"视域下的外语学科建设: 挑战、构想与路径[J]. 外语教学理论与实践 (3): 19-26.

曾艳钰, 2024. 跨学科发展背景下高校外语教育与教师发展[J]. 外语与外语教学 (3): 11-19, 145.

查明建, 2018. 英语专业的困境与出路[J]. 当代外语研究 (6): 10-15.

查明建, 2022. 比较文学之于外语学科的意义[J]. 中国外语 (2): 1, 11-15.

查明建, 2023a. 高等外语教育高质量发展与学科专业体系建设[J]. 外语界 (1): 2-6.

查明建, 2023b. 外语学科: 如何守正, 怎样创新?[J]. 外语教学理论与实践 (1):

2-8.

张福贵,2023. 新文科建设的本质理解与价值实现[J]. 新文科理论与实践(2):10-13,125.

张剑,2023. 外国语言文学的学科边界与"新文科"的交叉融合[J]. 上海交通大学学报(哲学社会科学版)(1):101-112.

张杰,2016. 从"差异化""国际化""前瞻性"探索外语学科的科研与教学改革[J]. 中国大学教学(5):41-46.

张清俐,张杰,2023. 新时代新文科新使命[N]. 中国社会科学报(11-24):6.

张绍杰,2010. 全球化背景下的外语教学:行动与反思[J]. 外语与外语教学(1):9-12.

张天舒,2020. "新文科"拔尖人才培养质量的实证研究[J]. 中国大学教学(7):71-75.

张文忠,陈新仁,胡强,2024. 外语教育与外语课程创新三人谈[J]. 山东外语教学(4):1-6.

张晓红,林家钊,2023. 新文科背景下外语学科创新实践与学术反思[J]. 外语教学与研究(1):114-122.

张异宾,2009. 关于文科人才培养与跨学科研究的探讨[J]. 中国高等教育(8):10-11.

张奕,2023. 新文科背景下人文精神与科技创新相结合的拔尖人才培养研究:以西北工业大学国家级英语一流本科专业建设为例[J]. 中国外语(5):30-36.

张翼,徐一楠,2022. 语言学概论类慕课的课程思政:现状与思考[J]. 外语研究(6):42-46,74,112.

张治国,2021. 中国参与国际组织的语言问题研究[J]. 云南师范大学学报(哲学社会科学版)(3):85-94.

张中载,2003. 外语教育中的功用主义和人文主义[J]. 外语教学与研究(6):453-457.

赵奎英,2020. "新文科""超学科"与"共同体":面向解决生活世界复杂问题的研究与教育[J]. 南京社会科学(7):130-135.

赵奎英,2021. 试谈"新文科"的五大理念[J]. 南京社会科学(9):147-155.

赵倩,2020. 新文科建设内涵及实施路径思考:以西南大学为例[J]. 高等教育评论(1):18-26.

赵永青,李玉云,康卉,2014. 近十年我国大学英语教学研究述评[J]. 外语与外语教学(1):27-35.

郑书九，刘元祺，王萌萌，2011. 全国高等院校西班牙语专业本科课程研究：现状与改革［J］. 外语教学与研究（4）：574-582.

郑永年，2024. 教育出来的学生学无所用，这是最大的危机［EB/OL］.（04-28）［2024-05-12］. https：//www. 163. com/dy/article/J0T7G3LK0514BTKQ. html.

中华人民共和国中央人民政府，2017. 国务院办公厅关于深化产教融合的若干意见［EB/OL］.（12-19）［2024-01-15］. https：//www. gov. cn/zhengce/content/2017-12/19/content_5248564. htm.

钟美荪，孙有中，2014. 以人才培养为中心，全面推进外语类专业教学改革与发展：第五届高等学校外国语言文学类专业教学指导委员会工作思路［J］. 外语界（1）：2-8.

仲伟合，张清达，2017. "一带一路"视域下的中国特色大国外语教育战略的思考［J］. 中国外语（5）：4-9.

周江洪，2022. 学科交叉融合趋势下哲学社会科学发展路径研究［J］. 新文科教育研究（4）：63-75，143.

周毅，李卓卓，2019. 新文科建设的理路与设计［J］. 中国大学教学（6）：52-59.

周媛，2014. 我国高校日语教育同质化的发展及存在的问题［J］. 课程教育研究（12）：112.

朱贺玲，郝晓晶，2023. 新文科建设背景下的复合型人才培养：新变局、新挑战与新思路［J］. 高教探索（4）：20-25.

朱婧雯，2023. 认知传播：新文科背景下跨学科融合的理论知识版图［J］. 湖南师范大学社会科学学报（1）：41-48.

朱晓刚，廖源菁，2022. 论"新文科"的价值取向与建构路径［J］. 新文科理论与实践（3）：59-67，125.

祝朝伟，2024. 新文科建设背景下外语专业的"教"与"学"［J］. 当代外语教育（1）：1-11.

庄智象，陈刚，2017. 我国英语专业教育的问题及对策思考［J］. 外语界（3）：9-15.

Alfred P. Sloan Foundation. The New Liberal Arts Program：1980—1990［EB/OL］.（1999-06-26）［2024-06-02］. http：//www. statlit. org/pdf/1993AmesSloanNLA. pdf.

Guthrie, K. L. & K. Callahan. 2016. Liberal arts：leadership education in the 21st century［J］. New Directions for Higher Education（7）：21-33.

Kirschenbaum，M. G. 2010. What is digital humanities and what's it doing in English departments?［J］. ADE Bulletin（1）：55-61.

Nguyen P C. 2021. Teaching Mathematics through Interdisciplinary Projects: A Case Study of Vietnam [J]. International Journal of Education and Practice (4): 656-669.

TOPPOG. "New Liberal Arts" or Not-so-liberal Arts? [EB/OL]. (2018-05-02) [2023-05-25]. https://www.insidehighered.com/news/2018/05/02/ohios-hiram-college-puts-new-liberal-arts-test.